한국 준연동형 비례대표제 도입 사례연구

정성희 · 김태민 · 이주홍

법우사
BUBWOOSA

선거제도는 설계된 것이 아니다. 그것은 권력 정치에서 살아남기 위해 투쟁하는 정치적 당파들 간의 지저분하고도 점진적인 타협을 통해 요란하면서도 어렵게 태어난 것이다.

— Pippa Norris(1995) —

머 리 말

한국행정연구원이 매년 시행하는 「사회통합실태조사」에 따르면, 2021년 조사에서 국회에 대한 국민의 신뢰도는 34.4%를 기록하는 등 매년 우리나라 사회의 여러 기관 중 국회에 대한 국민의 신뢰가 최하위를 기록하고 있다. 이에 국회는 항상 "정치개혁"을 논의한다. 제16대 국회부터 제21대 국회까지 매 회기마다 "정치개혁특별위원회"가 구성되어 왔으며, 정치개혁특별위원회 논의의 핵심사항은 국회의원 선거제도를 어떻게 개편할 것인가였다.

제21대 후반기 국회 또한 국회선진화 및 정치관계법 개선을 위해 정치개혁 특별위원회를 구성하였으며, 정치개혁 특별위원회 구성 목적 중 중요한 사항이 "연동형 비례대표제 개선"이다. 연동률이 50%로 적용되어 소위 "준연동형 비례대표제"라 불리는 우리나라의 연동형 비례대표제는 국회 구성의 비례성과 대표성을 강화하기 위한 목적으로 제21대 국회의원 선거에 도입되었으나, 위성정당의 출현 등으로 제도 설계시에 의도한 소기의 목적을 달성하지 못하였다고 평가되고 있다.

본고의 저자들은 제20대 국회 후반기 정치개혁 특별위원회에서 전문위원, 입법조사관으로 근무했던 국회 공무원으로서, 공직선거법 개정과정에서 법률안의 성안 및 검토, 회의진행, 행정 지원 등 준연동형 비례대표제 도입 입법과정의 실무를 담당하였다. 준연동형 비례대표제 도입과정은 언론보도나 국회회의록 등을 통하여 확인할 수 있으나, 한 권의 책으로 준연동형 비례대표제 입법과정을 정리함으로써 향후 선거법 개편시 참고자료로 활용되도록 할 필요성이 있다고 생각하여 본고를 저술하게 되었다.

이 글이 있기까지 많은 분들의 도움이 있었다. 감수를 맡아 좋은 의견을 주신 중앙선거관리위원회의 김문배 기획조정실장님, 국회 내의 선거법 전문가로서 자문을 맡아주신 김종갑 보좌관님께 감사드린다. 입법전문가의 식견으로 꼼꼼하게 제반 내용을 검토해주신 국회예산정책처의 한예슬 서기관님, 입법과정의 바깥에 있는 법조인으로서 균형잡힌 시각을 제공해주신 법무법인 세주로의 이진영 변호사님께도 감사드린다. 마지막으로 이 책의 완성도를 높이기 위해 교정을 맡아주신 장민정님과 초기 편집작업을 맡아주신 임선진님께 감사의 인사를 드린다.

이 책이 선거제도에 관심이 있는 연구자, 국회 관계자, 언론인, 무엇보다 선거제도에 관심이 있는 일반 시민의 준연동형 비례대표제에 대한 이해를 높이는데 조금이라도 기여할 수 있기를 바란다.

미래를 준비하는 선거제도 개혁을 기원하며

2023. 1. 31.

정성희 · 김태민 · 이주홍

차　　례

제7장 제7장 선거제도 개편의 이상과 현실 / 133

제 1 장 들어가며

제 1 장 들어가며

1. 2016년 4월 13일

2016년 제20대 국회의원선거는 한국정치사에서 20년만에 국회에 3당 체제가 만들어진 선거였다. 3당인 국민의당은 지역구 25석 비례대표 13석으로 총 38석, 12.67%의 의석 점유율을 확보했다. 야당인 더불어민주당은 여당인 새누리당에 비해 1석 많은 123석(지역구 110석, 비례대표 13석)을 확보하였고 새누리당은 122석(지역구 105석, 비례대표 17석)을 확보하였다. 국민의당은 지역구 의석 25석만으로도 무게감 있는 정당이었지만 가장 주목할 부분은 비례대표 의석이었다. 정당득표율에 따라 47석을 배분하는 비례대표선거에서 정당득표율 26.74%로 제1당으로서 25.54%를 기록한 더불어민주당보다 높은 정당득표율을 보인 것이다. 격차가 근소하여 배분된 비례대표의석수는 13석으로 동일했으나 양당중심의 정당체제가 공고한 우리나라에서 나오기 쉽지 않은 선거결과였다. 참고로 정의당은 지역구 2석, 비례대표 4석으로 총 6석을 얻었다.

2. 2019년 12월 27일

이 날 국회 본회의 의사일정 중 첫 번째는 「공직선거법 일부개정법률안」이었다. 제1야당인 다수의 자유한국당 의원들이 의장석으로 모여 항의를 하는 가운데 준연동형 비례대표제 도입을 골자로 하는 이 법안이 통과되었다. 이 법안은 본회의로 오기 전 단계, 즉 정치개혁특별위원회에서 논의되던 때부터 법안 통과를 두고 극한의 갈등 양상을 보였다. 법안 의결을 막기 위해 회의장 점거, 의안과 사무실 앞 농성과 정당관계자 간 몸싸움까지 국회선진화법[1] 도입 이후 가장 높은 수준의 충돌 양상을 보였다. 그렇지만 여당인 더불어민주당과 정의당 등 야당들의 공조로 이 법안은 위원회를 거쳐 본회의까지 의결되었다.

3. 2020년 4월 15일

준연동형 비례대표제가 도입된 후 실시된 제21대 국회의원선거 결과는 양당체제의 공고화로 설명될 수 있다. 이 선거의 특징은 비례대표 의석 확보만을 목적으로 하는 '위성정당'[2]이 운영되었다는 점인데, 더불어민주당의 위성정당으로 더불어시민당이, 미래통합당의 위성정당으로 미래한국당이 운영되었다. 더불어민주당과 시민당은 지역구 163석, 비례 17석, 총 180석으로 전체 의석의 60%를 확보하였다. 미래통합당과 미래한국당은 지역구 84석, 비례 19석 총 103석으로 제1야당이 되었다. 특기할 점은 교섭단체를 구성할 수준의 3당이 없어진 점인데, 정의당은 총 6석(지역구 1석, 비례 5석)으로 4년 전과 동일한 규모를 유지했다. 국민의당[3]은 비례대표만 3석을, 그리고 새롭게 등장한 열린민주당도 비례대표만 3석을 확보하였다.

준연동형 비례대표제 도입이라는 선거제도 개편을 둘러싼 가장 상징적인 장면 세 가지를 추려보았다. 사실 유권자의 관점에서 준연동형 비례대표제 도입은 크게 와닿을 성격의 문제가 아니었다. 1인 2표제, 즉 선거인이 지

---

1) 2012년에 개정된 「국회법 일부개정법률」(법률 제11453호, 2012.5.30.시행)을 의미하며, 국회 내 물리적 충돌을 방지하고 대화와 타협을 통한 안건 처리를 위한 다양한 제도개선 사항을 포함하고 있다. 안건신속처리절차(패스트트랙) 및 안건조정위원회 도입, 의장의 직권상정 요건 제한, 회의장 출입 방해 금지 등을 주요 내용으로 한다.

2) 이 글에서 위성정당은 준연동형 비례대표제 도입 이후 특정 정당의 비례대표 의석 확보를 목적으로 만들어진 정당을 의미한다. 이는 준연동형 비례대표제 도입 시기 정치계와 언론에서 많이 언급되던 표현이다. 참고로 위성정당은 특정 정당을 무조건적으로 지원하고 추종하는 정당, 즉 '2중대' 정당을 뜻하는 것으로 활용되기도 한다.

3) 제21대 국회의원선거에서의 국민의당과 제20대 선거에서의 국민의당은 일부 인적 구성의 유사성을 감안하더라도 전체적으로 정당 구성원이 상이하고 정체성이 다른 정당으로 볼 수 있다.

역구선거 투표와 비례대표선거의 정당 투표를 하는 투표 방식에서 차이가 없었고 지역구 253석, 비례대표 47석의 비율도 동일했기 때문이다. 그나마 체감할 수 있었던 것은 선거권 연령이 18세로 하향되면서 고등학생의 투표가 가능해진 부분이었을 것인데, 이는 준연동형 비례대표제 도입과 직접적으로 관련된 사안은 아니었다. 그럼에도 국회에서 연동형 비례대표제의 도입을 두고 첨예한 갈등을 겪는 것을 두고 의아한 부분이 생기지 않을 수 없었을 것이다.

의문이 생기는 부분을 구체적으로 나열해 보자면, 준연동형 비례대표제가 무엇인지, 왜 준연동형 비례대표제는 '비례대표제'라는 표현에도 불구하고 제20대 선거보다 양당체계를 강화하였는지, 왜 정의당을 비롯한 소수정당들은 결과론적이긴 하지만 소수정당에 특별히 이익을 가져다 주지 못한 준연동형 비례대표제 도입에 찬성했는지, 위성정당은 무엇이고 왜 만들어진 것인지 등이 있을 것이다. 이러한 문제에 답하기 위해서는 연동형 비례대표제를 포함한 선거제도 개념을 어느 정도 파악할 필요가 있고, 무엇보다도 준연동형 비례대표제 도입을 위한 논의 과정을 상세하게 살펴보는 것이 필요하다. 연동형 비례대표제라는 개념 자체가 기본적인 선거제도 개념에 대한 이해가 선행되어야만 명확히 파악되는 측면이 있고, 선거제도의 선택은 정치세력 간 복잡한 갈등과 상호작용의 산물이기 때문에 그 과정을 살펴보는 것이 무엇보다 중요하기 때문이다. 특히 우리나라에서 연동형 비례대표제 도입은 상당히 오랫동안 논의된 주제이기 때문에 이러한 논의의 맥락부터 파악할 필요가 있다.

준연동형 비례대표제가 무엇이며 왜 도입하게 된 것인지 파악했다면 다음에 살펴봐야 하는 것은 준연동형 비례대표제를 어떻게 평가할 수 있으며, 만약 선거제도를 다시 개편해야 한다면 준연동형 비례대표제 도입 과정을 감안할 때 고려해야 할 사항이 무엇인지 알아보는 일일 것이다. 공직선거법이 통과되는 순간부터 이 글을 쓰고 있는 시점까지 준연동형 비례대표제는 개정이 필요하다는 다양한 비판에 직면하고 있다. 위성정당 문제를 야기하고 선거제도의 비례성을 확보하지 못했다는 것이 주된 내용이다. 준연동형 비례대표제의 제도적 효과에 대한 분석적 이해가 필요한 상황이다. 외국 사례에 대한 검토도 필요하다. 특히 연동형 비례대표제를 채택하고 있는 국가들의 선거제도 개정 과정을 살펴보는 것이 도움이 될 것이다.

이 글은 앞서 제시한 과제들 즉, 선거제도의 기본 개념, 준연동형 비례대표제 도입 논의 과정, 준연동형 비례대표제의 효과에 대한 분석, 외국 사례, 선거제도 개편 시 시사점 등을 담고 있다. 다만, 구체적인 서술에 앞서 주목해야 할 부분은 당선결정방식(의석배분방식)의 정치적 중요성이다. 제21대 국회의원선거 결과가 과거 선거와 마찬가지로 양당체계를 공고화 했다는 점에서 선거제도 개편의 의미가 크게 와닿지 않을 수 있고 앞서 제시한 바와 같이 일반 국민의 입장에서 체감될 수 있는 부분이 많지는 않았다. 그러나 국회의원선거의 당선결정방식은 제도 설계에 따라 같은 투표결과를 갖고도 엄청나게 다른 의석배분을 초래할 수 있다는 점에서, 즉 같은 투표를 두고도 권력이 다르게 배분될 수 있다는 점에서 그 정치적 중요성을 인지해야 한다. 당선결정방식의 차이로 인해 국회 내 1당이 달라지거나, 과반수 획득 여부가 달라지거나, 교섭단체 형성 여부가 달라지는 결과를 생각해 보면 이를 쉽게 알 수 있을 것이다. 또한, 부분적으로나마 비례대표제적 의석 배분을 지향하여 전체 의석을 기준으로 비례대표 의석을 산출하는 준연동형 방식은 47석이라는 비례대표 의석 정수만을 대상으로 의석을 배분하여 다수대표제적 성격이 강했던 종전 우리나라 선거제도와 질적으로 큰 차이를 보인다. 후술하겠지만 비례대표 의석 산출 부문의 조항이 큰 폭으로 개정된 것은 이 때문이기도 하다. 이러한 부분을 염두에 둔다면 앞으로 논의될 준연동형 비례대표제와 관련된 다양한 이야기들이 조금이나마 가깝게 와닿을 수 있을 것이다.

필자들은 준연동형 비례대표제 도입을 위한 선거법 개정 시기 국회 정치개혁특별위원회에서 입법 실무를 담당한 국회사무처 공무원으로서 선거법 개정 과정을 가까이에서 경험할 수 있었다. 선거법 개정이 완료되고 필자들은 이 굵직한 선거제도의 변화를 간략하게나마 정리할 필요가 있다는 것에 뜻을 같이 하였다. 이는 앞으로도 입법 실무를 수행해야 할 필자들의 업무 기록이라는 의미도 있지만, 선거제도 변화의 중요성을 고려할 때 이 주제를 쉽고 체계적으로 이해할 수 있게 전달하는 것이 필요하다고 생각했기 때문이다. 입법의 현장에서 느낀 생동감을 전달하기는 어렵겠지만 적어도 선거제도 개편을 위한 일련의 흐름이 어떻게 진행되었는지는 파악될 수 있도록 노력하였다. 또한, 준연동형 비례대표제 개념 설명 및 효과 분석에서도 개념 자체의 복잡성으로 인해 쉽게 서술하는 것이 어려웠으나 산식과 수치로 나타나는 준연동형 비례대표제의 정치적 함의를 가능한 범위에서 풍부하게 서술하여 이 제도가 어떤 성격을 갖고 있는지 잘 파악할 수 있도록 하기 위해 노력하였다.

제 2 장

연동형 비례대표제의 개념과 특징

제2장 연동형 비례대표제의 개념과 특징

1. 선거제도의 유형과 연동형 비례대표제의 개념

선거는 선거인이 다수의 후보자 중에서 일정한 선거절차에 따라 특정인을 대표자로 결정하는 행위로써 국민의 대의기관을 구성하는 민주적 방법인 동시에 통치기관으로 하여금 민주적 정당성을 확보하게 하여 대의민주주의를 실현하는 수단이다.[4] 선거제도는 넓게는 선거과정 전체에 적용되는 일련의 규칙을 총칭하며, 좁은 의미에서는 '공직자를 선출하는 과정에서 표를 의석으로 전환하는 방식을 결정하는 것'으로 정의된다.[5] 여기서는 주로 좁은 의미의 선거제도를 다루게 된다.

표를 의석으로 전환하는 데 있어 핵심적인 영향을 미치는 요인은 당선결정방식(electoral formula)과 선거구 크기(district magnitude)를 들 수 있다.[6] 당선결정방식으로는 선거구에서 가장 많이 득표한 후보자를 당선자로 결정하는 다수대표제(majoritarian electoral system), 정당이 득표한 비율에 따라 의석을 배분하는 비례대표제(proportial representational system), 다수대표제와 비례대표제를 함께 사용하는 혼합제로 구분된다. 다음으로, 선거구 크기란 선거구 당 몇 명의 대표를 선출하는가를 의미하는 것으로 선거구 당 1인을 선출하는 소선거구, 2~4인을 선출하는 중선거구, 5인 이상을 선출하는 대선거구로 구분된다.[7]

---

4) 헌재 1995.7.21.92헌마177결정

5) 데이비드 파렐, 전용주 옮김. 2017, 『선거제도의 이해』, 한울아카데미, p.21

6) 레이(Rae)는 두 요인 외에 기표방식(ballot structure)까지 총 3가지 요소가 선거제도를 이루는 핵심 구성 요소로 본다. 기표방식은 크게 여러 후보 중 1명을 선택하는 범주형(categorial)과 투표용지에 적힌 모든 후보를 대상으로 선호 순위를 표시하는 방식인 순위형(ordinal)으로 구분된다. 데이비드 파렐. 앞의 책. p.23

7) 국회도서관, 『국회의원 선거제도 한눈에 보기』, FACT BOOK 2020-1호, 통권 제77호,

우리나라에서는 국회의원 선거제도를 '지역구 선거'와 '비례대표 선거'로 구분하여 인식하고 있고 「공직선거법」도 이러한 체계에 따라 규율되어 있다.[8] 개념적으로 접근해 보면 '지역구 선거'란 전국을 253개의 1인 선거구로 구획하여 해당 선거구에서 다수대표제식, 즉 상대적으로 가장 많은 표를 득표한 후보가 당선되는 선거를 말하며, '비례대표 선거'란 전국을 하나의 선거구, 즉 47석 짜리 1개의 선거구(대선거구)로 설정하고, 이 선거구에서 정당의 득표율에 따라 의석 배분이 이루어지는 선거[9]를 뜻한다. 우리나라는 지역구 선거에서 다수대표제, 비례대표 선거에서 비례대표제가 병용되고 있으므로 혼합제로 볼 수 있다.

혼합제는 연동형 비례대표제와 병립형 다수대표제로 구분된다. 두 제도는 지역구 선거에서는 보통 큰 차이가 없다. 즉, 지역구 선거에서는 다수대표제에 따라 가장 많은 득표를 한 후보 1인을 선출한다. 차이가 발생하는 부분은 비례대표 선거에서이다. 두 방식 모두 비례대표 선거에서 정당의 득표율, 즉 정당득표율이 의석 배분의 기준이다. 그런데 병립형 다수대표제에서는 비례대표 의석 정수를 정당득표율에 따라 배분하는 방식을 취하는 반면, 연동형 비례대표제에서는 총 의석(지역구, 비례대표 모두 포함)을 정당득표율에 따라 할당한 후 이렇게 할당된 의석에서 해당 정당의 지역구 의석을 제외하는 방식으로 비례대표 의석수를 결정한다.

연동형 비례대표제에는 두 가지 특징이 있는데 해당 정당의 총 의석은 결국 정당득표율에 따라 '비례대표제'식으로 결정된다는 점과 비례대표 의석수가 지역구 의석수와 '연동'되어 있다는 점이다. 이 때문에 위와 같은 제도를 연동형 비례대표제라고 표현하는 것이다. 밑의 그림을 보면 지역구 의석

---

p.22－23

8) 「공직선거법」은 제188조에서 지역구국회의원당선인 결정 방식을, 제189조에서 비례대표국회의원의석 배분 및 당선인 결정방식을 규율하고 있다.

9) 우리나라는 비례대표 당선인 결정 시 정당에서 미리 비례대표 후보 명부를 작성하고 유권자는 명부 순서에 영향을 미치지 못하는 폐쇄형 정당명부식을 채택하고 있다. 유권자가 비례대표 후보 개개인에 투표함으로써 명부 순서에 영향을 미치는 개방형 방식도 가능하며 브라질, 덴마크 등 해외 사례도 다수 존재한다. 이에 대한 보다 상세한 내용은 데이비드 파렐, 앞의 책, p.114 참조

수가 많아질 때 A정당의 비례대표 의석수는 줄어든다. 극단적으로 정당득표율에 따라 배정된 A정당의 전체의석수와 같거나 많을 경우 비례대표 의석은 0 또는 음수가 된다. 이 경우 음수에 대하여는 비례대표의석을 배정하지 않으므로(0석) 정당득표율에 따라 할당된 전체의석수가 아닌, A정당의 지역구 의석수가 A정당의 전체의석수가 되며, 정당득표율에 따라 할당된 의석수를 초과하는 의석을 '초과의석'(overhang seats)이라고 한다.

초과의석의 개념은 뒤에서 다시 다루도록 한다. 참고로 연동형 비례대표제는 혼합형 비례대표제(Mixed Member Proportion, MMP)[10]라고도 한다.

[혼합형 비례대표제에서의 의석수]

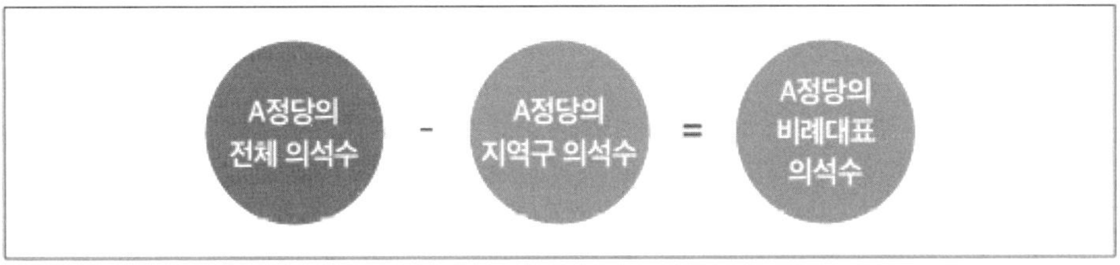

주: A정당의 전체 의석수는 비례대표 선거에서의 정당 득표율에 따라 배분

※ 참고 : 국회도서관, 앞의 책, p.31

병립형 다수대표제는 비례대표 의석 계산 시 비례대표에 할당된 의석수를 정당득표율에 따라 배분하는 것으로 끝나며, 각 의석할당정당이 지역구에서 획득한 지역구의석의 수는 비례대표 의석 배분율에 영향을 미치지 못한다. 각 정당의 총 의석수는 지역구 의석수와 비례대표 의석수를 합산하여 도출되기 때문에 해당 정당의 총 의석수가 정당득표율에 비례하게 배분된다고 보기도 어렵다.

지역구 의석수 결정과 비례대표 의석수 결정이 독립적이라는 점, 총 의석을 정당득표율에 비례하게 배분하는 것이 제도의 기본 설정인 연동형 비

10) 국회도서관. 앞의 책. p.30

례대표제와 달리 다수대표제에 따른 지역구 의석배분과 독립적으로 비례대표식 배분을 일부 병용한 형태를 보인다는 점으로 인해 이 제도가 병립형 다수대표제로 표현되는 것이다. 다수대표제만 적용되는 경우와 비교할 때에는 상대적으로 비례성이 높지만 연동형 비례대표제에 비하면 다수대표제적 성격이 강하다. 특히 우리나라와 같이 총 의석에서 비례대표 의석의 비중이 15.7%로 낮은 수준인 국가에서는 이와 같은 제도 운용은 다수대표제적 성격이 강하다고 평가할 수 있다. 이 제도는 혼합형 다수대표제(Mixed Member Majority, MMM)라고도 한다.[11]

[혼합형 다수대표제에서의 의석수]

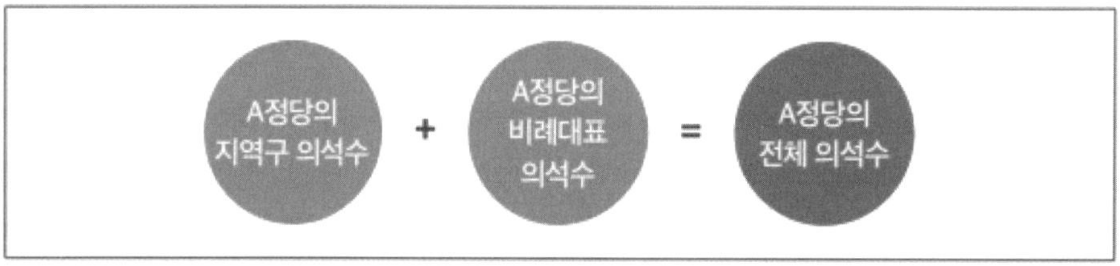

주: 비례대표 선거에서의 정당 득표율은 비례대표 의석수 배분에만 영향을 미치고 지역구 의석수에는 영향을 미치지 않음.

※ 참고 : 국회도서관, 앞의 책, p.30

연동형 비례대표제의 대표적인 사례로 독일 연방 하원의원 선거, 뉴질랜드 의원 선거를 들 수 있으며 병립형 다수대표제의 사례로 일본 참의원 · 중의원선거, 이탈리아 상 · 하원의원 선거를 들 수 있다. 2020년 1월 4일 「공직선거법」 개정으로 우리나라는 병립형 다수대표제에서 연동형 비례대표제로 변경되었다.[12]

---

11) 국회도서관, 앞의 책, p.30

12) 우리나라의 경우 연동률을 50%로 제한하여 '준연동형' 이라는 표현을 쓰기도 한다. 자세한 내용은 뒤에서 상세히 서술한다.

2. 연동형 비례대표제의 특징

연동형 비례대표제의 가장 대표적인 제도적 특징은 초과의석이 발생할 수 있다는 점이다. 연동형 비례대표제에서는 총 의석을 정당득표율에 따라 어떤 정당에 배분한 할당의석의 수보다 지역구에서 획득한 의석이 많은 경우 초과된 지역구 의석을 모두 당선으로 인정하는 것이 정당득표율을 초과한 의석배분임에도 불구하고 지역구에서 획득한 의석들을 해당 정당의 의석으로 인정한다. 이는 정당득표율에 따른 비례적 의석 배분도 중요하나 대표성 측면에서 지역구에서 시민들로부터 선출된 후보의 민주적 정당성을 존중하려는 취지로 이해할 수 있다.[13] 초과의석이 발생할 경우 총 의석수 자체가 늘어나게 되므로 연동형 비례대표제는 총 의석수가 가변적이다. 또한, 초과의석이 개념적으로 정당득표율에 따른 의석배분과 다른 의석배분을 인정하는 것이므로 그 규모에 따라 비례성을 약화시키는 측면이 있다. 초과의석으로 인한 다양한 제도적 효과는 후술하기로 한다.

그러나 초과의석에도 불구하고 연동형 비례대표제가 과거부터 주목받은 것은 지역구 의석 방식을 유지하여 지역 대표성을 확보하면서 동시에 제도의 비례성이 높기 때문이다. 종전 선거제도인 병립형 다수대표제의 문제점으로 정당득표와 배분 의석 간 비례성이 낮다는 점이 지속적으로 제기되어 왔다. 병립형 다수대표제에서 지역구의석의 경우 다수대표제에 따라 최다득표자 1인만이 선출되고 나머지 득표는 모두 사표(wasted votes)가 된다. 비례대표의석이 정당득표율에 따라 배분되어 비례성이 일정 부분 확보되기는 하지만 정당득표율과 의석점유율 간 관계를 살펴볼 때 현저한 차이를 보이는 경우가 자주 발생한다. 병립형 다수대표제에서 비례성을 어느정도 확보하느냐

13) 지역구 의석을 존중하는 취지에서 초과의석이 인정되는 것이나, 제도적으로는 비례대표 의석이 늘어나는 형태로 운용된다. 초과의석이 발생했다고 해서 지역구가 늘어나거나 지역구에서 선출하는 의원수가 늘어나는 것이 아니기 때문이다. 이에 대한 자세한 설명은 김종갑, 「2013년 독일 연방하원 선거제도의 개정내용 및 특징」, 『NARS 현안보고서』 제225호, 2014. 1. 27. p.5~6 참조

는 비례대표의석의 규모, 전체 의석에서 차지하는 비중에 따라 달라지는데, 비례대표의석의 비중이 낮을수록 비례성은 낮아진다고 할 수 있다. 우리나라의 경우 비례대표의석이 전체의석에서 차지하는 비중이 15.7%(300석 중 47석)에 그쳐 이러한 문제점이 더욱 두드러졌다.[14)]

이와 비교할 때 연동형 비례대표제는 기본적으로 정당에게 배분되는 총 의석이 정당득표율에 비례하도록 설계되어 있기 때문에 초과의석이 발생하지 않는다면 비례대표제와 별다른 차이가 없다. 초과의석이 발생할 경우 비례성이 약화될 수는 있지만 이는 초과의석의 발생 여부, 규모에 따라 상이하며, 병립형 다수대표제가 지역구 의석 배분과 비례대표 의석 배분의 분리로 인해 비례성이 높지 않은 점과 비교할 때 연동형 비례대표제는 구조적으로 비례성이 높게 설계되어 있다고 볼 수 있다.

연동형 또는 병립형을 채택한 외국선거제도의 비례성을 비교해 보면 위와 같은 특징이 잘 나타난다. 연동형을 채택한 독일, 뉴질랜드의 경우 2017년 선거 결과 기준으로 불비례성지수[15)]가 각각 1.95, 2.73으로 낮게 나타나는 반면, 병립형을 채택한 우리나라의 2016년 선거 및 일본의 2017년 선거의 경우 불비례성지수가 각각 16.41, 22.22로 산출되었다.[16)]

---

14) 중앙선거관리위원회 선거연수원에서 발간한 『각국의 선거제도 비교연구』(2019)에 따르면 병립형을 택한 국가 중 일본(중의원)의 경우 465석 중 176석(37.9%)이며, 이탈리아(하원)의 경우 630석 중 398석이다(61.8%).

15) 정당의 득표율과 의석율 간 차이의 정도를 지수화 한 것으로 최소제곱지수(Least Squares Index)라고도 부른다. 으로 갤러거(Gallagher)가 제시한 방식이다. 이 지수의 산식은 아래와 같다.

$$LSq = \sqrt{\frac{1}{2}\sum(v_i - s_i)^2}$$: 여기서 $(v_i - s_i)$는 i정당의 득표율(v_i)과 의석률(s_i) 차이

이 지수에 대한 상세한 설명 및 적용사례는 안순철, 『선거체제비교』, 법문사, 2000, pp.267－272 참조

16) 전체 의석에서 비례대표 의석이 차지하는 비율, 비례의석 배분 방식(동트식, 생－라그식, 헤어식 등), 비례대표 권역 범위(전국 또는 권역) 등 다양한 요인이 작용하지만 기본적으로는 연동형 방식과 병립형 방식 간 차이점을 이러한 현상의 주요 원인으로 이해할 수 있다. 자세한 내용은 김종갑, 「혼합식 선거제도 국가의 비례성 비교와 시사점」, 지표로 보는 이슈 제121호, 2018.5.4. 참조

비례성이 높다는 것은 다수대표제에서 의석을 확보하지 못한 소수정당의 의회 진출의 가능성이 높아지고 다당제를 촉진한다는 것을 뜻한다. 실제로 뉴질랜드의 경우 1위 대표제에서 연동형 비례대표제를 도입 후 의회 내 유효정당 수가 2 에서 3 이상으로 증가하였다.[17] 권력구조(대통령제, 의원내각제 등)에 따라 다당제의 효과에 대한 평가가 상이하나 정치체제의 대표성이 제고되는 부분은 분명한 것으로 생각된다.

연동형 비례대표제가 순수 비례대표제와 차이를 보이는 점은 비례대표제로서의 비례성을 확보하면서 동시에 지역대표성을 확보하고 있다는 점이다. 순수 비례대표제의 경우 권역별 또는 전국단위 선거구 투표를 거쳐 정당별로 의석이 배분되기 때문에 지역대표성이 약한 측면이 있는데 연동형 비례대표제의 경우 지역구별로 다수대표제에 따라 해당 지역의 대표자를 선출하기 때문에 순수 비례대표제에 비해 지역대표성이 강한 측면이 있다. 비례대표제를 따르면서 지역구에서는 개별 후보자가 주목받는 구조라는 점에서 연동형 비례대표제를 '인물화된 비례대표제(personalized proportionalism)'[18]로 표현하기도 한다.

연동형 비례대표제는 비례성과 지역대표성을 동시에 충족시키는 측면이 있으나 앞서 제시한 바와 같이 초과의석이 발생하여 총 의석수가 늘어남에 따라 의원정수의 유동성이 크다는 문제점을 갖고 있다. 의원정수의 유동성이 크다는 것은 제도 자체가 정치적으로 불안정성을 야기할 수 있다는 점에서

17) 김형철, 「뉴질랜드 선거제도 개혁 : 과정, 결과, 한국에 주는 시사점」, 『비교민주주의연구』 제5집 2호, 2010, p.124
유효정당 수는 일당제, 양당제, 다당제 등 정당체제(party system)에서 정당의 수를 측정하는 개념으로 김형철은 락소(Laakso)·타게페라(Taagepera)가 제시한 공식을 사용하고 있다.
의회 내 유효정당의 수(Ns) = 1/ΣSi2 (Si : 의석률)

18) 인물중심의 비례대표제는 독일어로 Personalisierte(인물화된) Verhältniswahl(비례대표제)로 표현된다. 이 표현은 바이마르공화국 시기 비례대표제에서 혼합형 제도로 변화된 부분을 부각시키기 위한 목적으로 사용되는 측면도 있다. 이에 대한 서술은 한우창, 「제2장 독일」, 『비례대표선거제도』, 박찬욱 편 2000, pp.48-49 참조

주목해야 할 사항이다. 초과의석으로 특정 정당, 혹은 특정 정치세력이 이득을 보게 되고 나아가 의회에서 다수를 차지하게 되는 경우 선거제도의 타당성에 대한 사회적 합의가 약해지고 집권세력의 민주적 정당성이 흔들릴 우려가 있다. 의원정수도 권력구조와 선거법의 주요한 부분인데 의석배분방식에 따라 의원정수가 크게 변동되는 것이 불합리하게 인식될 수 있기 때문이다. 특히 국민의 정치에 대한 불신이 크고 의원정수의 증가에 대한 부정적 견해가 만연한 사회일수록 이러한 문제점이 발생할 가능성이 높다.[19)20)]

초과의석으로 인한 문제는 유권자들의 분할투표(split voting)로 인해 심화되는 측면이 있다. 1인 2표제 하에서 분할투표란 유권자 지역구에서 선택한 후보자(제1투표)의 정당과 다른 정당을 제2투표(전국구/정당 투표)에서 선택하는 투표행태를 말한다. 분할투표가 강화될수록 지역구 확보 의석수는 많으나 정당득표율이 낮은 정당, 지역구 의석수는 거의 없으나 정당득표율이 높은 정당이 양분되어 초과의석이 늘어날 수 있다. 유권자, 특히 군소정당 지지자 입장에서 자신이 행사하는 표의 효과를 극대화하기 위해 지역구 투표시에는 당선 가능성이 높은 거대 정당의 후보에, 정당 투표 시에는 본인이 가장 선호하는 정당에 투표할 유인이 생긴다.[21)] 정당 입장에서도 분할투표를 유도하는 측면이 있다. 지역구에서 당선 가능성이 높지 않은 군소정당의 경우 전략적으로 정당투표를 획득하기 위한 선거운동에 자원을 집중하는 경향이 있다. 예를 들어 독일 자유민주당의 경우 거대정당이 아니고 지역구 의석 확보가 쉽지 않은 상황에서 지지자들에게 향후 '연립'으로 권력을 공유하게 될 정당 후보에게 투표하도록 독려하고, 연립 파트너 정당은 그에 대한 보답으로

---

19) 총의석의 과다한 증가는 선거제도의 불안정성을 초래할 뿐만 아니라, 의원정수 증가에 따른 세비 지출 확대가 불가피하다는 점에서 의회에 대한 불신이 높아질 수 있다는 의견도 있다(김종갑, 「2017년 독일 총선 결과와 향후 전망」, 『NARS현안보고서』 제312호, 2017. p.27).

20) 독일에서는 초과의석의 비례성 약화 문제를 해소하기 위해 초과의석으로 인한 비례성을 상쇄하는 '보정의석'을 추가로 정당에 배정하는 제도를 운영중인데, 이는 비례성을 강화하는 측면은 있으나 의원정수를 큰 폭으로 변화시켜 의원정수의 안정성을 크게 흔드는 문제가 있다. 자세한 내용은 김종갑, 「2013년 독일 연방하원 선거제도의 개정내용 및 특징」, 『NARS현안보고서』 제225호, 국회입법조사처, 2014. 참조

21) 조진만, 「선거제도와 투표행태」, 『투표행태의 이해』, pp.214－215

자신의 지지자들에게 정당 투표를 자유민주당에게 하도록 함으로써 비례대표 의석을 확보하는 전략을 취했다.[22] 이처럼 유권자, 정당 입장에서 분할투표가 일종의 우월전략이 되면서 초과의석이 과도하게 발생할 여지가 생기게 된다.

그밖에 연동형 비례대표제의 문제점으로 인식되는 것 중 하나는 일반 국민의 입장에서 제도를 이해하기 어렵다는 점이다. 지역구와 비례대표 의석 산출이 명확히 구분된 병립형 방식과 날리 전체 의석을 대상으로 하고 지역구 의석을 공제하는 방식으로 이루어지는 비례대표 의석 산출 방식과 초과의석이 어려움을 유발하는 핵심 요소이다. 제도 이해의 어려움이 제도의 정치적 효과, 제도 설계의 합리성, 타당성 보다 중요한 고려 요소라고 보기는 어렵지만 유권자의 투표참여에 부정적 영향을 주고 제도에 대한 신뢰를 떨어뜨릴 수 있다.[23]

---

22) 데이비드 파렐, 앞의 책, p.150

23) 김종갑, 「독일의 선거제도 개혁논의와 한국에의 시사점」, 이슈와 논점 제1245호, 국회입법조사처, 2017.

제 3 장 외국의 연동형 비례대표제

제 3 장 외국의 연동형 비례대표제

1. 개 요

선거제도는 국가의 정치, 경제, 사회 등 다양한 부분의 이해관계를 반영해야 하는 사회적 기제로서 개별 국가의 특수성이 감안되어 국가마다 다양한 형태를 보이고 있다. 이 중 혼합형 선거제도는 다른 선거제도에 비해 최근 많은 주목을 받고 있다. 그 이유로 첫째, 지역선거구의 대표성을 유지하면서 1위대표제(FPTP)[24]의 한계로 지적되는 투표－의석 간 비례성을 높일 수 있다는 점, 둘째, 혼합형 선거제도의 대표적 사례로서 독일의 경우 정치체제의 안정성에 있어 높은 수준을 보이고 있다는 점, 셋째, 선거제도의 선택을 둘러싸고 나타나는 정치세력들 사이의 정쟁을 해결할 수 있는 타협적 대안이라는 점이 제시되고 있다.[25]

혼합형 제도가 민주주의 국가의 제도적 대안으로 부각되면서 이탈리아, 일본, 뉴질랜드 등 다수 국가에서 혼합형 제도를 도입하였고 'EIU 민주주의 지수' 6.0 이상 국가 75개국 중 혼합형 제도를 운용하고 있는 국가는 12개국이다. 이 중 연동형 비례대표제를 채택한 국가는 7개국이다.[26] 이 국가들 중

24) 1위대표제(FPTP : First Past The Post)는 다수대표제 중에서도 '절대다수'(과반)을 얻을 필요 없이 후보들 중 상대적으로 득표가 가장 많은 사람이 당선되는 '상대다수제' 방식을 뜻한다. 자세한 설명은 안순철, 앞의 책, pp.90－92 참조

25) 김형철, 「혼합식 선거제도로의 변화와 정치적 효과 : 뉴질랜드, 일본, 그리고 한국을 중심으로」, 『시민사회와 NGO』 제5권제1호, 2007, p.210

26) 'EIU 민주주의 지수(EIU Democracy Index)'는 영국의 시사·경제지 이코노미스트(The Economist) 부설 경제분석기관인 이코노미스트 인텔리전스 유닛(The Economist Intelligence Unit, EIU)이 2006년부터 전 세계 167개국을 대상으로 선거절차 및 다원주의, 정부의 기능, 정치 참여, 정치 문화, 시민의 자유 등 5가지 분야에 대한 평가를 기반으로 하는 자료. 10점 만점 기준으로서 8점～10점을 '완전한 민주주의(full

연동형 비례대표제가 안정적으로 도입·정착된 것으로 평가받는 국가는 연동형 비례대표제의 상징으로 인식되는 독일과 1995년 이 제도를 도입한 뉴질랜드가 있다.

[당선자 결정방식에 따른 세계 민주주의 국가의 국회의원 선거제도]

선거제도		국가 수	대표 국가
다수대표제	1위대표제 (FPTP)	10	미국, 영국, 캐나다
	결선투표제 (TRS)	1	프랑스
	선호투표제 (PV)	2	호주(하원), 파푸아뉴기니
	기타	2	싱가포르, 모리셔스
비례대표제	정당명부식 비례대표제 (List PR)	46	네덜란드, 스웨덴, 스위스(하원), 노르웨이, 덴마크 오스트리아
	단기이양식 비례대표제 (STV)	2	아일랜드, 몰타
혼합제	혼합형 다수대표제 (MMM)	5	일본, 이탈리아, 리투아니아
	혼합형 비례대표제 (MMP)	7	대한민국, 독일, 뉴질랜드, 멕시코, 헝가리

※ 참고 : 국회도서관, 앞의 책, p.50

여기서는 독일과 뉴질랜드의 연동형 비례대표제, 도입 배경, 경과, 정당정치 등을 종합적으로 살펴본다. 상대적으로 최근에 연동형 비례대표제를 도

democracy)', 6점~8점을 '결함있는 민주주의(flawed democracy)', 4점~6점을 '혼합된 체제(hybrid regime)', 4점 미만을 '권위주의 체제(authoritarian regime)'으로 구분한다. EIU 민주주의 지수 6.0 이상을 대상으로 했다는 것은 민주주의가 일정 수준 정착된 국가를 대상으로 했다는 것을 의미한다.

입하였다는 점, 다수대표제 성격이 강한 제도에서 비례성이 높은 제도로 변화함으로써 변화의 경로가 우리나라와 유사한 양상을 보이는 뉴질랜드의 사례를 보다 상세히 알아본다.

2. 독 일

연동형 비례대표제는 독일식 제도로 불릴만큼 독일의 선거제도는 연동형 비례대표제의 원형(prototype)으로 인식되고 있다.

독일 선거제도의 내용 설명27)

독일은 양원제 국가로서 연방 상원은 69명 전원 임명직이고, 연방 하원 598명에 대해 연동형 비례대표제가 적용된다. 연방하원의원 선거구는 299개의 소선거구와 16개의 대선거구로 구성되는데 299개의 소선거구에서는 선거구당 1명씩 총 299명의 지역구 의원을 선출하며, 16개 대선거구는 주 단위로 구성된 선거구로 비례대표의원 299명을 선출한다.

유권자는 선거 당일 1인 2표를 행사하는데, 제1표는 지역구 의원을, 제2표는 비례대표 의원을 선출하기 위한 투표이다. 비례대표 투표는 폐쇄형 정당명부 방식이기 때문에 유권자는 제2표에서 비례대표 후보가 아닌 정당을 선택하여야 하며, 제1표에서 투표한 후보의 소속 정당과 제2표에서 투표한 정당이 일치하지 않을 수 있다. 즉, 분할투표가 가능한 것이다.

지역구의원 299명은 각 선거구에서 1위 대표제(FPTP)에 따라 최다 득표한 후보 1명이 당선된다. 비례대표 의원은 비례대표 선거(제2투표)에서 각 정당의 득표율과 지역구 당선인 수에 따라 정당별 비례대표 의석수를 결정하고, 각 정당이 미리 제출한 후보자명부에 기재된 순위대로 당선자를 결정한다. 비례대표 의석 배분을 위한 최소조건으로 제2표 득표율이 5% 미만이거

27) 중앙선거관리위원회 선거연수원, 「각국의 선거제도 비교연구」, p.840-844 참조

나, 지역구 3석 미만의 정당에는 비례대표의석을 배분하지 않는데 이는 군소 정당 난립 가능성을 차단하려는 것이다.

세부적으로 살펴보면, ① 주별 인구수 비율에 따라 각 주의 의석수를 결정하고, ② 주별로 각 정당의 제2표 득표율에 따라 주 내에서 정당별 의석수를 결정하고, ③ 주별 각 정당의 의석수에서 해당 정당의 지역구 당선인 수를 뺀 수가 그 정당의 비례대표 의석수가 되며, ④ 각 정당은 배분된 비례대표 의석수만큼 주별 후보자명부에서 그 순위에 따라 비례대표 당선자를 결정한다. 독일은 지역 선거구에 입후보한 후보가 비례대표 선거에 중복으로 입후보 하는것을 허용하므로 비례대표 당선인 결정 시에는 먼저 비례대표 후보자 명단에서 지역구 당선자 이름을 삭제해야 한다.[28)]

정당이 지역구에서 획득한 의석이 제2표 득표율에 따른 배분의석보다 많은 경우, 그 지역구 의석을 그대로 보유하는데 이 경우 초과하는 의석수만큼 전체 의석수가 의원정수인 598명보다 많아지게 되며 이는 초과의석으로 인정된다. 앞서 연동형 비례대표제 개념 설명에서 제시한 바와 같이 초과의석을 인정하게 되면 초과의석을 확보한 정당이 정당득표율 대비 많은 의석 점유율을 갖게 되어 비례성이 약화되는데, 독일에서는 초과의석이 발생하면 나머지 정당들에게도 '보정의석(compensation seats)'을 배분하여 정당득표율과 의석배분 간의 전체 비율을 유지하도록 한다. 보정의석은 초과의석이 발생하지 않은 정당에 배분하는 비례의석으로, 초과의석으로 나타난 득표율과 의석수의 불비례가 해소될 때까지 부여된다. 결론적으로 독일에서는 의원정수에 초과의석과 보정의석을 모두 합친 값이 전체 의석수가 된다.[29)]

---

28) 이처럼 지역구 입후보와 비례대표 입후보가 동시에 가능한 제도를 이중등록제라고 한다. 우리나라 선거법은 이중등록제를 허용하지 않고 있다.

29) 보정의석 배분 방식에 대한 자세한 설명은 김종갑, 「2013년 독일연방선거법의 개정과 시사점」, 이슈와 논점 제676호, 국회입법조사처, 2013. 참조. 보정의석 제도가 연동형 비례대표제 도입 초기부터 있던 방식은 아니며 2012년 독일 헌법재판소의 위헌 판결에 따라 비례성을 강화하는 취지에서 신설된 방식이다.

[독일 연동형 비례대표제의 의석 산정 방법]

- 정당 득표율에 따른 A, B, C 각 정당의 할당 의석이 각각 8석, 17석, 25석이고, 각 정당이 지역구 선거에서 획득한 의석이 10석, 5석, 10석이라고 가정할 때, 각 정당의 보정 전·후 의석수 및 의석률은 다음과 같음
- 의석정수 50석에 초과의석 2석, 보정의석 6석이 발생하여 총 의석수가 58석으로 증가함
- 보정 전에 비해 보정 후 각 정당 의석률이 정당 득표율에 따른 할당 의석률에 보다 근접함을 볼 수 있음

구 분	A당	B당	C당	합계
전체 할당 의석수 (의석률)	8석 (16.00%)	17석 (34.00%)	25석 (50.00%)	50석 (100.00%)
지역구 의석수	10석 (초과 2석)	5석	10석	25석
보정 전 전체 의석수 (의석률)	10석 (19.23%)	17석 (32.69%)	25석 (48.07%)	52석 (100.00%)
보정 후 전체 의석수	10석 (17.24%)	19석 (32.75%)	29석 (50.00%)	58석 (100.00%)

※ 자료: 김종갑, 2013년 독일연방선거법의 개정과 시사점, 이슈와 논점 제676호, 국회입법조사처, 2013.

연동형 비례대표제 도입 배경 및 경과

역사적으로 독일선거제도는 1차 대전과 2차 대전을 기준으로 각각 다수제에서 비례제로, 비례제에서 연동형 비례대표제로 변화하였다.[30] 독일이 연동형 비례대표제를 도입한 이유를 이해하기 위해서는 두 차례의 선거제도 개혁 과정을 모두 파악할 필요가 있다. 다수제와 비례제를 모두 거친 독일의 역사적 경험이 현재의 연동형 비례대표제를 설계하고 원활하게 운용하도록 이끈 추동력으로 작용한 측면이 있기 때문이다.

1871년 프러시아 주도로 독일 제2제국이 성립되었고 의회는 양원제 체

30) 홍재우, 독일 선거제도의 연대기: 제도적 진화의 정치, 『유라시아연구』 제10권 제4호(통권 제31호), 2013, p.87

제였는데, 연방상원(Bundesrat)은 독일 25개 주의 대표들로 구성되어 별도의 선거를 거치지 않았고 하원의 성격을 지닌 제국의회(Reichstag)는 성인 남자의 직접선거로 구성되었다. 당시 선거제도는 기본적으로 소선거구제와 다수제의 조합이었다. 다만, 1위대표제(FPTP)가 아니라 과반수 득표를 획득해야 당선되는 절대다수제였으며 과반수 후보가 없는 경우 1차 투표의 상위 2인 중 결선투표를 거쳐 당선자를 확정했다. 이 제도는 1912년 제국의회 마지막 선거때까지 유지되었다.

당시 소선거구 다수대표제의 문제점은 선거구획정의 비대칭성이었다. 사회주의 정당의 발현을 막기 위해 노동자 거주 지역과 농민 거주지간 선거구 수 배분이 매우 불균등했다. 인구에 비례한 획정이 아니라 지역적 대표성을 더 강조한 것인데 이는 득표와 의석 간 불비례성을 높였다. 1890년 사회민주당은 19.7%를 득표하였으나 의석수는 전체 397석 중 8.8%에 불과한 35석이었다. 당시 제1당인 중도당(Zentrum)은 사회민주당보다 적은 18.6%를 득표했는데 무려 106석(26.7%)을 획득하였고, 12.4%를 득표한 보수당도 73석(18.4%)을 획득하였다. 사회민주당은 1891년 공식적으로 비례대표제를 당론으로 채택하였고 1912년 선거에서 사회민주당은 34.8%의 득표로 397석 중 110석을 얻어 제1당이 되었으나, 불균등한 선거구는 1918년 1차대전 패배로 독일제국이 붕괴될 때까지 시정되지 않았다.[31)]

1차 세계대전 패배로 제2제국이 무너지고 성립된 바이마르 공화국은 헌법에 보통, 비밀, 평등, 직접 선거의 원칙을 명기하고 선거권자를 20세 이상 남녀시민으로 규정하여 여성의 참정권도 보장하였다. 선거제도는 사회민주당이 주장한 비례대표제가 채택되었다. 당시 사회민주당은 기존 다수제 선거방식으로도 제1당이 될 수 있었지만 비례제의 채택은 중요한 원칙으로 인식되었다. 비례대표제가 채택된 바이마르 제국의회 선거에서는 전국을 35개 대선거구로 나누고, 각 정당은 개별 선거구에서 6만표당 1석의 의석을 얻도록 했다(1단계). 이 때 의석배분에 반영되지 못한 사표는 다시 2~3선거구가 합

31) 한우창, 앞의 책, p.48

쳐진 연합선거구에서 합산되어 다시 6만표당 1석을 배분했으며(2단계), 1단계, 2단계에서 의석을 배분받은 정당을 대상으로 연합선거구에서 생긴 사표를 전국구로 합산하여 재차 6만표당 1석을 배분하였다(3단계). 이러한 의석배분 방식은 별도의 의원정수가 설정되지 않은 것으로 실제로 회기 때마다 459석에서 647석으로 다양한 의석수를 보였다.

바이마르공화국 비례대표제의 문제점은 의회진출 정당의 난립이 초래되어 의회정치의 불안정, 정국 마비를 야기하였다는 점이다.[32] 원내 정당의 수는 대개 10여개 수준이었는데 이는 연립정권을 통한 안정적 국정 운영이 이루어지기에 과다한 측면이 있었다. 불안정한 정국 속에서 나치가 독일 국민들 사이에서 많은 지지를 받으며 의석을 늘려나갔고 1932년 제1당의 지위에 올랐다. 이 제도는 1933년, 1936년, 1938년 실시되었으나 히틀러가 이끄는 국민사회주의독일노동당(NSDAP)만이 선거에 참가하여 정당경쟁이 없었기 때문에 의미있는 선거제도의 운영이라고 보기 어려웠다.

2차 세계대전 이후 독일의 선거제도 선택 과정에서 비례대표제가 야기한 부정적 결과에 대한 비판이 제기되었다. 특히 비례대표제에서 적용되는 넓은 선거구는 대표와 유권자 간 유대관계를 형성하는데 방해가 되었고 선거구의 크기를 줄여야 한다는 인식이 광범위하게 퍼져있었다. 즉 유권자에 대한 직접대표성의 강화가 중요한 화두로 인식된 것이다.[33] 다만, 편차는 있으나 정치세력들 사이에 비례제의 장점에 대한 폭넓은 공감대도 형성되어 있었다.

---

32) 다만, 나치의 부상을 비례대표제 선거제도의 결과로만 보는 것은 선거제도의 역할을 지나치게 강조하는 것이고 바이마르 공화국 정치에 대한 사회·경제적 그리고 역사적 여건들을 무시한 것이라는 비판이 제기된다. Dieter Nohlen, 신두철·김원 역, 『선거법과 정당제도』, 2004, 엠-애드, p.302 참조

33) 독일이 오늘날 자신의 선거제도를 "인물본위 비례대표제(personalized proportional system)"라고 부르는 이유도 이러한 직접대표성의 강화에 대한 문제의식 때문이라는 견해가 있다. Scarrow, Susan. E. (2001), 'Germany: The Mixed-Member System as a Political Compromise." in Matthew S. Shugart, and Martin P. Wattenberg. eds., Mixed-Member Electoral Systems: The Best of Both Worlds? (Oxford: Oxford University Press), p.63. 홍재우, 앞의 글, p.97에서 재인용

연방의회 선거에 앞서 1946년, 1947년에 각 주에서 주 의회선거가 진행되었는데 이 중 일부 주에서 연동형 비례대표제와 유사한 제도들이 운용되었다. 1949년 연방의회 선거제도로 비례제에 기초한 혼합형제도(1인1표)가 도입되었는데, 당시 주요 정치세력이던 기독민주당/기독사회당연합(CDU/CSU, 이하 기민기사연합)은 영미식의 단순다수제를 주장하였으나 힘의 균형을 이루던 사회민주당이 혼합형제도를 주장하고 소수당들이 이를 지지하면서 해당 제도가 채택되었다. 1953년 1인2표 제도로의 변화를 거쳐 1956년 현재 독일 선거제도의 초기적 형태로서 연동형 비례대표제가 도입되었다.[34]

정당체제 및 주요 정당[35]

독일 정당 체제는 좌파와 우파를 아우르는 광범위한 이념적 스펙트럼을 형성하면서 비교적 온건한 정당 경쟁이 전개되는 온건 다당제의 성격을 보인다. 1950년대 후반~1980년대 초반은 대표적 보수정당연합인 기민기사연합과 대표적인 진보정당인 사회민주당이 정당 체제의 양대 축을 이루었다.[36] 이후 1990년대 초반까지는 녹색당이 연방의회 진입에 성공하면서 기민기사연합, 사회민주당, 자유민주당과 함께 4당 체제를 형성하였고, 1990년대 초반부터 현재까지 좌파당, 독일을 위한 대안당 등이 의회 진입에 성공하면서 다당제 성격이 강화되었다. 2023년 1월 기준, 원내 정당은 6개이다.

현재 독일의 주요 정당으로 기민기사연합, 사회민주당, 독일을 위한 대안당, 자유민주당을 꼽을 수 있는데 2013년에 설립된 독일을 위한 대안당을

34) 이후 독일선거법은 두 번의 굵직한 개정을 경험하게 된다. 연방헌법재판소는 '득표와 의석의 역전현상(negative voting weight)', 즉 정당의 득표수가 많을수록 오히려 의석수가 적어지고, 득표수가 적어질수록 의석수가 늘어나는 현상이 발생한다는 이유로 선거법에 대해 2008년, 2012년 위헌결정을 하였다. 이에 독일연방의회에서는 각각 2011년, 2013년에 '주(州)별 독립적 의석배분', '보정의석' 제도를 도입하여 위헌성을 개선하고자 하였다. 자세한 내용은 김영일, 김종갑, 「2013년 독일 연방하원 선거제도의 개정 내용 및 특징」, 『현안보고서』 vol.225, 국회입법조사처, 2014 참조

35) 국회도서관, 앞의 책 pp.122-124을 바탕으로 재작성

36) 독일 기민기사연합은 바이에른 주에서만 활동하는 기독사회당(CSU)과 나머지 15개 주를 포괄하는 기독민주당(CDU)의 연합으로, 두 세력은 독일연방공화국이 출범한 1949년 이래 하나의 원내 블럭을 형성해 왔다. 국회도서관, 앞의 책, p.123

제외한 나머지 정당들은 기민기사연합이 1945년, 사민당이 1890년, 자유민주당이 1948년에 설립되어 상당히 오랜 역사를 갖고 있으며 시민사회에 뿌리내려 정치활동의 중심으로 자리잡고 있다.

[독일의 주요 정당]

(2023. 1. 20. 기준)

정당명	설립연도	의석수 (의석률)	특징
기독 민주당 (CDU)	1945년	• 하원: 152석 (20.7%)	• 중도보수, 우파 • 사유재산제, 사회적 시장경제 강화를 추구함
기독 사회당 (CSU)	1945년	• 하원: 45석 (6.1%)	• 보수, 자유주의 • 보수 가톨릭세력 및 농민층이 주요 지지기반 • 바이에른 주에서만 활동하며, 기민당의 자매 정당
사회 민주당 (SPD)	1980년	• 하원: 206석 (28%)	• 중도좌파 • 1875년 창당된 독일사회주의 노동자당에 그 기원을 둠 • 1890년 독일 사회민주당으로 당명을 변경 • 사회적 정의 및 연대, 노동자의 권익 보호를 추구함
녹색당 (Alliance90 /The Greens)	1983년	• 하원: 118석 (16%)	• 녹색정치, 생태주의 • 원자력 사용, 여성·동성애·이주민 차별에 대항하기 위해 설립
독일을 위한 대안당 (AfD)	2013년	• 하원: 78석 (10.6%)	• 보수 우파 정당 • 유럽국가 부채위기 관련 유로화 구제 정책에 반대하여 창설함 • 유로존 해체를 주장함
자유 민주당 (FDP)	1948년	• 하원: 92석 (12.5%)	• 자유주의를 표방하는 중도 정당 • 1948년, 독일민주당(DDP)과 독일인민당(DV)을 전신으로 하여 창당된 자유주의 정당 • 신자유주의와 친기업적 시장경제 체제를 옹호함

※ 자료: 국회도서관, 앞의 책, p.123~124에서 재인용한 것을 바탕으로 재작성
중앙선거관리위원회 선거연수원. (2021). 각국의 정당ㆍ정치자금제도 비교연구, 59-63.
독일 연방하원 > Parlament > Fraktionen > Sitzverteilung im 19. Deutschen Bundestag. 2023.1.20. 인용: https://www.bundestag.de 참조

3. 뉴질랜드

뉴질랜드 선거제도의 내용[37)]

뉴질랜드는 전체 의원 120명 중 71명은 지역구, 49명은 비례대표로 선출한다. 지역구 의원 선거는 71개 지역구에서 선거구당 1명을 선출하는 소선거구제이며 지역구는 일반 선거구와 마오리족을 위한 선거구로 구분된다.[38)] 비례대표 의원 선거는 권역별로 선출하는 독일과 달리 전국을 단일 선거구로 설계하고 있다. 뉴질랜드 유권자는 1인 2표를 행사하는데 제1투표는 비례대표 투표로서 지지하는 정당에, 제2투표는 지역구 투표로 지역구 후보에게 행사한다.

지역구 의원의 경우 1위대표제에 따라 해당 선거구의 최다득표자가 당선자가 된다. 비례대표 선거 의석 배분, 당선자 결정의 경우 정당득표율에 따라 전체 의석을 배분하고 지역구 의석을 제외하는 연동형 비례대표제 방식을 따르는데 구체적인 절차는 다음과 같다. ① 제1투표에서의 정당득표율에 따라 전체 120개 의석을 각 정당별로 배분하고, ② 각 정당별로 배분받은 의석수에서 지역구 당선인 수를 제외한 의석수가 각 정당의 비례대표 의석수가 된다. 각 정당별로 비례대표 의석수만큼 비례대표 후보자명부의 순위에 따라 당선자가 결정된다. 이 때 독일과 마찬가지로 지역구와 비례대표 선거에 중복 입후보가 가능하므로 비례대표 후보자 명단에서 지역구 당선자를 배제하고 당선자를 결정해야 한다. 참고로 비례대표 의석배분의 최소 조건으로서 정당 득표율 5%미만 또는 최소 1석 이상의 지역선거구 후보도 당선시키지 못한 정당은 의석 배분에서 배제하고 있다.

만일 제1투표로 얻은 정당 의석수보다 제2투표로 얻은 지역구 의석수가 더 많을 경우 초과의석이 발생하며 이는 그대로 인정되는데, 독일과 달리 초과의석 발생으로 인한 보정의석을 부여하지는 않는다. 뉴질랜드는 독일과 달

---

37) 국회도서관, 앞의 책, pp.146~150 참조

38) 2017년 선거 기준 일반 선거구는 64개, 마오리족 선거구는 7개이다.

리 초과의석이 발생한 사례가 극히 적은데 여러 가지 요인이 작용하겠지만, 정당명부 작성방식이 중요 요인으로 보인다. 즉 독일은 권역(주) 단위로 정당명부가 작성되고 뉴질랜드는 전국 단위로 정당명부가 작성되어 연동형 비례대표제가 적용되는데 이 차이점이 큰 영향을 미친다는 것이다. 권역이 구분될수록 정당의 득표율에 따른 배분의석보다 지역구의석이 많을 확률이 높아지고 반대로 권역이 구분되지 않을수록 그 확률은 낮아지게 되는데 초과의석이 개별 정당의 정당득표율과 지역구의석 간 괴리에서 발생한다는 점을 감안하면 뉴질랜드와 같은 전국단위 방식이 초과의석 발생 가능성이 낮다는 것을 알 수 있다.

권역별 연동형 비례대표제에 비해 전국단위 연동형 비례대표제가 초과의석 발생 가능성이 낮은 이유(사례 분석)

[권역별 연동형 비례대표제의 경우]

A,B 2개의 권역으로 나뉘어진 어떠한 나라에 갑, 을 두개의 정당이 있다고 가정하자. A권역은 총의석 100석으로 지역구 75석, 비례대표 의석 25석으로 구성되어 있으며, B권역 또한 총의석 100석으로 지역구 75석, 비례대표 의석 25석으로 구성되어 있다고 가정한다. 각 권역에서 투표에 참여한 선거인의 수는 동일하다고 가정한다.

갑당은 A권역을 지지기반으로 하는 정당으로, A권역에서의 정당득표율은 60%, B권역에서의 정당득표율은 40%이며 을당은 B권역을 지지기반으로 하는 정당으로, A권역에서의 정당득표율은 40%, B권역에서의 정당득표율은 60%를 기록하였다. 이에 따라 A권역에서는 갑당에게 60석, 을당에게 40석이 할당되며 B권역에서는 갑당에게 40석, 을당에게 60석이 할당된다.

그러나 1표만 앞서더라도 해당 지역구를 독식하는 단순다수다표제의 특성상 A권역을 지지기반으로 하는 갑당은 A권역 지역구를 70석을, 을당은 A권역 지역구를 5석만 획득하게 되었다. 이는 A권역서 갑당에게 할당된 60석에 비해 10석을 초과한 결과이며, 을당의 할당의석 40석을 충족시키기 위해서는 비례대표의석 정수인 25석을 10석 초과한 35석을 부여하게 되어 A권역에 10석의 초과의석이 발생한다. 마찬가지로 B권역에서 을당이 지역구 70석을, 갑당이 지역구 5석을 획득하였다고 가정하면 B권역에서도 10석의 초과의석이 발생하여 총 20석의 초과의석이 발생한다.

〈권역별 연동형에서 의석 배분〉

구분		득표율(할당의석)	지역구	비례대표	소계(초과의석)	계
A권역 100석(지역구75/비례25)	갑	60% (60석)	70석	0석	70석 (10석)	갑:110석 을:110석 초과의석 20석
	을	40% (40석)	5석	35석	40석 (0석)	
B권역 100석(지역구75/비례25)	갑	40% (40석)	5석	35석	40석 (0석)	
	을	60% (60석)	70석	0석	70석 (10석)	

[전국단위별 연동형 비례대표제의 경우]

위의 예시에서 A,B 2개의 권역을 전국 단위의 단일권역으로 통합하였다고 하자. 전국단위 권역은 총의석 200석으로 지역구 150석, 비례대표 50석으로 구성된다.

갑당은 통합전 A권역에서 60%, 통합전 B권역에서 40%를 획득하여 통합후 정당득표율 50%를 기록하고, 을당은 통합전 A권역에서 40%, 통합전 B권역에서 60%를 획득하여 통합후 정당득표율 50%를 기록한다. 이에 갑당에게는 100석, 을당에게 100석이 할당된다.

지역구 선거결과 갑당은 통합전 A권역에서 70석, 통합전 B권역에서 5석을 획득하여 총 75석을 획득하고, 을당은 통합전 A권역에서 5석, 통합전 B권역에서 70석을 획득하여 총 75석을 획득한다. 갑당에는 할당의석 100석에 도달하기 위해 비례대표 25석을, 을당에도 할당의석 100석에 도달하기 위해 비례대표 25석을 부여하게 되며 초과의석의 발생 없이 의석을 배분할 수 있게 된다.

이처럼 초과의석 발생을 유발하는 정당득표율과 실제 지역구 획득 의석수간의 괴리가 권역간 통합으로 상쇄됨으로써 초과의석 발생이 해소된다.

〈전국단위 연동형에서 의석 배분 : 총의석 200석(지역구150/비례50)〉

구분	득표율 (할당의석)	지역구	비례대표	소계 (초과의석)	계
갑	50% (100석)	75석	25석	100석 (0석)	갑:100석 을:100석 초과의석 없음
을	50% (100석)	75석	25석	100석 (0석)	

연동형 비례대표제 도입 배경 및 경과

뉴질랜드는 ① 비교적 최근에 연동형 비례대표제를 도입하였다는 점, ② 우리나라와 유사하게 다수대표제 성격이 강한 선거제도와 양당 중심의 정당체제에서 연동형 비례대표제를 도입하였다는 점, ③ 연동형 비례대표제가 성공적으로 정착한 사례로 평가받는다는 점에서 도입 배경 및 경과를 보다 상세히 살펴볼 필요가 있다.

뉴질랜드는 두 번의 국민투표를 거쳐 1993년[39] 연동형 비례대표제를 도

39) 1993년 두 번째 국민투표로 연동형 비례대표제 도입이 확정되고 해당 선거제를 적용한 최초의 선거는 1994년에 있었다.

입하였는데, 이 제도를 도입하기 전 뉴질랜드는 영국의 정치적 전통을 이어받아 가장 대표적인 다수제 민주주의 국가로 알려져 있었다.[40] 즉 1위대표제 선거제도, 거의 완전한 양당제 정당체제, 한 정당에 의한 단독 정부 구성 등을 특징으로 하고 있었으며 비례대표제, 다당제적 정당체제, 연립정치는 뉴질랜드 정치에서 찾기 어려운 현상이었다.

뉴질랜드에서 선거제도가 변경된 배경으로는 다음과 같은 분석이 제시되고 있다. [41] 첫째, 국민당, 노동당 양당체계에 대한 국민들의 전통적인 지지패턴이 약화된 점이다. 대표적으로, 사회신용당(Social Credit)은 1978년 16.1%, 1981년 20.7% 득표를 기록하였고, 1984년에는 사회신용당이 7.6%, 뉴질랜드당(New Zealand Party)이 12.3%를 기록하는 등 거대양당 외의 정당이 20.7%의 지지를 획득하였다. 연동형 비례대표제 도입 전 마지막 선거인 1993년 선거에서는 동맹당(Alliance)이 18.2%, 뉴질랜드제일당(New Zealand First)이 8.4%를 획득하였으며, 이러한 지지패턴의 변화는 연동형 비례대표제 도입 이후 더 강화되어 1994년 선거에서는 동맹당 11.3%, 뉴질랜드제일당 13.5%를 비롯하여 거대양당 외 정당이 32.5% 득표율을 기록하여 다당제 체제로 전환이 나타났다.

둘째, 유권자의 요구에 부합하지 않은 경제정책에 대한 불만을 들 수 있다. 1970년대 초 오일쇼크 이후 뉴질랜드 경제가 불안정한 상황에서 정권을 잡은 국민당 정부는 경제적 어려움 극복을 위해 당의 보수적 전통과 상반된 국가개입주의를 추진하여 유권자의 불만을 샀으며, 1984년 국가개입주의로 인한 비효율, 재정적자가 문제된 상황에서 정권을 잡은 노동당 정부는 이를 해결하기 위해 당의 진보적 입장에서 벗어난 신자유주의 시장중심적 정책을 추진함으로써 유권자들의 불만을 야기했다. 유권자의 선호에 반하는 이러한 급격한 정책 전환을 경험하면서 뉴질랜드인들은 국민의 요구에 민감하게 반

40) 다수제민주주의 모델은 웨스트민스터 모델이라고도 하며 레이프하트(A.Lijphart)의 민주주의 체제 분류에 따른 것으로 다수대표제 선거, 1당에 의한 단독정부 등을 특징으로 한다. 비례대표제, 2개 이상의 정당 간 연합정부를 특징으로 하는 유럽대륙의 합의제 모델(Consensus model)과 상반되는 개념이다.

41) 강원택, 뉴질랜드, 『비례대표선거제도』, 박찬욱 편, pp.73－80 참조

응하는 선거제도를 원하게 되었다.

셋째, 1위대표제가 초래하는 불비례성을 들 수 있다. 상대다수제에서는 승자독식 방식의 의석 배분으로 인해 득표율 상으로 과반이 아님에도 과반 수 의석을 확보하거나, 득표율이 낮음에도 의석점유율은 높은 현상이 나타날 수 있다. 1978년, 1981년 선거에서 노동당은 득표율에서 국민당에 앞섰지만 의석수에서 뒤져 집권에 실패했다. 1978년 노동당은 40.4%의 득표율로 39.8%의 국민당에 앞섰으나 의석수는 노동당 40석, 국민당 51석으로 11석이나 뒤졌다. 1981년에는 노동당 39%, 국민당 38.8%의 득표율로 노동당이 근소하게 앞섰는데 의석수는 노동당 43석, 국민당 47석으로 4석 뒤져 집권당이 되지 못했다. 이와 더불어 앞서 제시한 바와 같이 제3당들이 상당한 수준의 득표율을 보이면서 이들에게 적정 수준의 의석이 돌아가지 않는 것에 대한 문제제기가 커졌다. 대표적으로 1981년 사회신용당은 20.7%를 득표하였으나 2석을 얻는데 그쳤고, 1984년 뉴질랜드당은 12.3%를 득표하였는데 한 석도 얻지 못했다.

연동형 비례대표제 도입 과정을 구체적으로 살펴보면, 우선 뉴질랜드 선거제도 개혁 문제를 공론화한 사람은 제프리 파머(G.Palmer)로 평가되고 있다. 파머는 1979년 그의 저서 『굴레 풀린 권력?』(Unbridled Power?)에서 의회에 대한 행정부의 압도적 우위를 핵심 문제로 제시하고 이를 개선하기 위해 양당제 혁파, 선거제도 개혁을 주장했다.[42]

연동형 비례대표제 도입 논의를 정권 차원에서 구체화한 것은, 거대정당임에도 불구하고 1위대표제의 불비례성으로 인해 집권 기회를 놓친 노동당이었다. 노동당은 당내의 반대가 많았음에도, 1981년 선거공약으로 선거제도 개혁을 위한 위원회 설치를 제안하였으나 집권에 실패했고, 1984년에는 선거제도 개혁 공약을 발표하고 집권에도 성공하였다. 그리고 1985년 노동당 정부는 '선거제도 개혁을 위한 왕립위원회(Royal Commission on the Electoral

42) 최태욱, 「뉴질랜드의 선거제도 개혁과 정치기업가」, 『한국정치연구』 제21집 제2호, 2012, p.283

System)'를 설치하여 선거제도 개혁 관련 연구 · 조사 권한을 부여하였다.[43] 왕립위원회는 1986년 연구결과를 발표하였는데 ① 연동형 비례대표제 도입, ② 1996년 선거부터 의석 수를 97석에서 120석으로 늘리고 지역구 65석, 비례대표 55석으로 구성, ③ 1990년부터 국회의원 임기를 3년에서 4년으로 연장, ④ 연동형 비례대표제 도입 여부를 묻는 국민투표 실시(1990년)를 주요내용으로 하였다.[44]

1위대표제는 거대정당인 노동당에 유리한 제도였으므로 노동당은 기본적으로 선거제도의 완전한 개정보다는 부분적 보완을 기대하였으나 왕립위원회는 전면적인 변화를 제안하였고 노동당 정부와 노동당 다수 의원은 이를 거부하였다. 그러나 왕립위원회의 발표는 선거제도 개혁을 위한 시민운동이 활발해지는 계기가 되었고 노동당 내부에서도 의견이 분열되었다.[45] 이런 상황에서 1987년 선거를 앞두고 당시 노동당 총리였던 데이비드 랭(David Lange)이 TV토론회에서 노동당의 공식 입장과 달리 재집권을 하게 되면 왕립위원회의 제안대로 국민투표를 실시하겠다는 약속을 하면서 선거제도 개혁에 대한 국민적 관심을 증폭시켰다.[46] 노동당은 재집권에 성공했으나 선거제도 개혁에 대해 당내 분열이 지속되었고 노동당 정부는 미온적 태도로 일관했으며 나중에는 노동당 정부 공식 입장으로 연동형 비례대표제 도입을 추진하지 않을 것이고 국민투표도 없을 것이라는 방침을 밝혔다.[47]

---

43) 왕립위원회는 당시 부수상이면서 법무장관이었던 파머를 중심으로 운영되었는데, 파머는 당이나 의원들의 이해관계보다 개혁을 중시하여 왕립위원회에 상당한 권한을 위임하고 구성원도 유능하고 공정한 인물로 엄선했다는 평가가 있다.(Nagel, Jack. 1994, "What Political Scientists Can Learn from the 1993 Electoral Reform in New Zealand" PS : Political Science and Politics 27. No. 3, p.526, 최태욱 앞의 글 p.289에서 재인용)

44) 성장환, 「뉴질랜드의 선거제도 개혁과 정치적 변화」, 『대한정치학회보』 12집 2호, p.394

45) 강원택, 앞의 글, p.78

46) 최태욱, 앞의 글, p.289, 이 사건은 랭이 토론 도중 흥분한 나머지 준비되지 않은 발언을 즉흥적으로 쏟아내는 과정에서 벌어진 것으로 알려졌다.(Denemark, David. 2001. "Choosing MMP in New Zealand:Explaining the 1993 Electoral Reform." In Matthew Shugart and Martin Wattenberg, eds. Mixed－Member Electoral System:The Best of Both Worlds?, p.88, New York:Oxford University Press. 최태욱, 앞의 글, p.289에서 재인용)

47) 최태욱, 앞의 글 pp.289~290

1990년 선거가 다가오자 노동당의 경쟁 상대인 국민당은 자신들이 집권하면 왕립위원회의 제안대로 선거제도 개혁에 대한 국민투표를 실시하겠다고 공약하였다. 국민당도 거대정당으로 연동형 비례대표제에 부정적인 것은 노동당과 같은 입장이나 국민투표 공약을 지키지 못한 노동당의 행태와 노동당의 내분을 전략적으로 활용하고자 했고, 무엇보다도 국민여론을 감안할 때 국민투표를 실시하더라도 부결될 가능성이 높다고 본 것이다.[48] 1990년 선거에서 국민당은 집권에 성공하였는데 집권 직후 실시한 여론조사에서 응답자의 65%가 비례대표제를 선호하는 반면 18%만이 기존 선거제도 유지를 원한다는 예상 외의 결과에 직면했다. 그래서 국민당은 국민투표를 실시하되 연동형 비례대표제 도입 여부를 한 차례의 국민투표를 통해 묻도록 하는 왕립위원회 제안과 달리, 두 차례에 걸쳐 국민투표를 실시하도록 절차를 까다롭게 수정하기로 결정하였다.[49][50] 우선 구속력이 없는 1차 국민투표에서 선거제도 개혁에 대한 지지여부 및 연동형 비례대표제 등 4개의 대안제도 중 지지하는 제도를 택하게 하고, 선거제도 개혁을 원하는 국민이 다수일 경우 2차 국민투표를 실시하여 1차 국민투표에서 가장 많이 선택된 대안제도와 기존 제도를 두고 양자택일하도록 한 것이다.

1차 국민투표는 1992년 9월에 실시되었으며 투표율은 55.2%로 저조하였으나 투표제도 변화에 찬성하는 의견이 84.7%, 연동형 비례대표제 찬성이 70.5%를 기록하였다.

48) 강원택, 앞의 글, pp.78~79, 최태욱, p.290
49) 최태욱, 앞의 글, p.290
50) 노동당과 동일하게 선거제도 개혁에 미온적 태도를 갖고 있던 국민당이 종국적으로 국민투표를 실시한 원인으로 노동당에 대한 국민의 심판을 목격한 국민당이 국민의 심판에 대한 두려움을 갖게 되었다는 점, 최종적으로 부결될 것으로 확신했다는 점을 제시하는 의견도 있다.(김형철, 「뉴질랜드 선거제도 개혁:과정, 결과, 한국에 주는 시사점」, 『비교민주주의연구』 제5집 2호, 2010, p.114)

[1992년 1차 국민투표 결과[51]]

구 분	투표문항	비 율
Part A	나는 현행 1위대표제를 유지하는 것을 지지한다. – 유지	15.3%
	나는 투표제도 변화에 찬성한다. – 변화	84.7%
Part B	나는 보충의원제도에 찬성한다(SM)	5.6%
	나는 단기이양식투표제에 찬성한다(STV)	17.4%
	나는 연동형 비례대표제에 찬성한다(MMP)	70.5%
	나는 선호투표제에 찬성한다(PV)	6.6%

※ 자료: http://www.elections.org.nz/voting–system/refernda, 장선화, 「한국 국회의원 선거제도 개혁의 조건과 과제:뉴질랜드 및 영국 사례와 비교적 관점에서」, 『비교민주주의연구』 제9집 2호, 2013, p.52에서 재인용

1차 국민투표에서 변화에 찬성하는 의견이 압도적이었기 때문에 2차 국민투표가 실시되었다. 1993년 11월에 실시되었고 투표율은 82.2%로 높은 수준을 기록하였고 연동형 비례대표제 도입 찬성이 53.9%로 나타나 연동형 비례대표제 도입이 확정되었다.

[1993년 2차 국민투표 결과]

투표문항	비 율
나는 1956년 선거법에 의거하여 실시되는 현행 1위대표제를 유지하는데 찬성한다.	46.1%
나는 1993년 선거법에 의거하여 제안되는 연동형 비례대표제에 찬성한다.	53.9%

※ 장선화, 앞의 글, p.52에서 재인용

51) 단기이양식투표제(Single Transferable Vote:STV)는 잉여표나 사표를 유권자가 표시한 선호도의 순서대로 이양하여 유권자의 의지를 최대한 반영하려는 선거제도(안순철, 1998:194)이며, 선호투표제(Preferential Vote:PV)란 유권자가 모든 후보자의 선호 순서를 기입해야 하며 과반수 득표자를 당선요건으로 하는 다수대표제의 변형제도(안순철, 1998:144)를 뜻한다. 보충의원제도(Supplementary Member system:SM)는 1위대표제와 비례대표제를 병렬적으로 결합한 제도를 말한다.

국민투표 내용을 반영한 선거법 개정이 1995년에 이루어졌고 이 선거법에 따른 최초의 선거가 1996년에 실시되었다. 연동형 비례대표제 도입 과정에서의 주요 사건을 시간순으로 정리하면 다음과 같다.

[선거제도 개혁 과정에서의 주요 사건]

연 도	선거제도 개혁 주요 사건
1954	1930년 이후 최초로 10%이상의 득표율을 얻은 제3당 등장
1966	제3정당인 사회신용당의 의석획득(1석)
1974	제1차 오일파동과 경제 불안
1978	노동당보다 득표율이 낮은 국민당이 과반수 의석 차지
1979	파머의 『굴레 풀린 권력?』 출간
1981	노동당보다 득표율이 낮은 국민당이 과반수 의석 차지
1984	노동당 정부 출범
1985－86	선거제도 개혁을 위한 왕립위원회 출범 및 연동형 비례대표제 추천
1987	노동당의 랭 수상이 선거제도 개혁을 위한 국민투표 약속
1989	선거제도 개혁을 위한 국민투표 약속 철회
1990	국민당의 국민투표 약속 및 국민당 정부 출범
1992	1차 국민투표 실시
1993	2차 국민투표 실시
1995	연동형 비례대표제를 핵심으로 하는 선거법 개정
1996	새로운 선거제도에 의한 총선거 실시

※ Jack Vowles, 1995."The Politics of Electoral Reform in New Zealand." International Political Science Review 16:1, p.97. 김형철, 「뉴질랜드 선거제도 개혁: 과정, 결과, 한국에 주는 시사점」, 『비교민주주의연구』 제5집 2호, p.114에서 수정 인용한 것을 재인용

연동형 비례대표제가 도입된 이후 정당지지율과 의석 수간 불비례성이 완화되고 소수정당의 원내진출이 확대되며 연립정부가 구성되는 등의 정치적 변화가 나타났다.[52]

선거제도 변경 이후 연동형 비례대표제를 반대하는 의견이 지속적으로 제기되었다.[53] 그리고 이에 대한 반응으로 국민당은 2008년 선거 운동 과정에서 자신들이 집권 시 2011년까지 선거제도 변경에 대한 국민투표를 실시하겠다고 약속하였다. 2008년 집권에 성공한 국민당은 종전과 동일하게 2차에 걸쳐 국민투표를 실시하기로 하였다. 국민투표는 2011년 11월에 실시되었는데 투표결과 연동형 비례대표제를 유지하자는 의견이 57.7%로 다수를 차지하여 현행제도를 유지하게 되었다.

[2011년 국민투표 결과][54]

Part A : 연동형 비례대표제를 유지해야 하는가?			
	투표수	유효투표 중 비율	전체투표 중 비율
유지(KEEP)	1,267,955	57.77%	56.17%
변화(CHANGE)	926,819	42.23%	41.06%
소계	2,194,774	100%	97.23%
무효표(Informal Vote)	62,469		2.77%
계	2,257,243		100%

※ 무효표(Informal Vote)란 투표인이 원하는 바가 명확하지 않은 표를 뜻함.

52) 연동형 비례대표제 도입으로 인한 정치적 변화의 자세한 내용은 성장환, 앞의 글 참조

53) 뉴질랜드에서 연동형 비례대표제 도입 반대에 대한 의견은 최창현, 「정당정치의 위기와 선거제도개혁 필요성: 뉴질랜드사례에서의 시사점」, 『인문사회과학연구』 제34집, 2012, pp.87－88 참조

54) https://www.electionresults.govt.nz/electionresults_2011/referendum.html (검색일 : 2022. 3. 22.)

Part B : 선거제도를 바꾼다면 어떤 제도를 선택할 것인가?			
	투표수	유효투표 중 비율	전체투표 중 비율
1위대표제(FPP)	704,117	46.66%	31.19%
선호투표제(PV)	188,164	12.47%	8.34%
단기이양식투표제(STV)	252,503	16.73%	11.19%
보충의원제도(SM)	364,373	24.14%	16.14%
소계	1,509,157	100%	66.86%
무효표(Informal Vote)	748,086		33.14%
계	2,257,243		100%

정당체제 및 주요 정당[55)]

뉴질렌드는 1930년내 이래 양당제 국가였으나, 1993년 선거법 개정 이후 현재까지 제한적 다당제를 보이고 있다.[56)] 최근 선거인 2017년 선거에서는 국민당 56석, 노동당 46석을 비롯해 5개의 정당이 의석을 확보하였고 어떤 정당도 과반수 의석(61석)을 확보하는데 실패함에 따라 노동당이 뉴질랜드제일당(9석), 녹색당(8석)과 함께 연정을 구성하고 있다.

현재 뉴질랜드의 주요 정당으로 국민당, 노동당, 뉴질랜드제일당, 녹색당 4개의 정당을 꼽을 수 있는데, 뉴질랜드제일당(1993년 설립), 녹색당(1990년 설립)이 비교적 최근에 만들어진 정당이며 국민당(1936년 설립), 노동당(1916년 설립)은 오랫동안 안정적으로 운영되고 있다. 뉴질랜드 정당정치가 안정적인 이유로 정당이 인물이 아니라 정책과 이념 중심으로 만들어졌다는 점, 국회의원 공천이 하의상달식으로 이루어져 당내 민주주의도 잘 유지되고 있다는 점이 제시되었다.[57)]

55) 국회도서관, 앞의 책 pp.150~151 참조
56) 성장환, 「한국과 뉴질랜드의 정당정치 비교」, 『초등교육연구논총』 제25권 2호, 2009, p.9
57) 성장환, 앞의 글, 2009, p.12

[뉴질랜드의 주요 정당]

(2023. 1. 20. 기준)

정당명	설립연도	의석수 (의석률)	특징
노동당 (Labour Party)	1916년	• 64석 (53.3%)	• 중도좌파 • 세금확대, 분배와 복지를 주요 정책 기조로 삼음 • 대기업 및 부유층에 대한 과세 강화 및 중소기업, 빈곤층에 대한 지원 확대, 보건ㆍ교육 등 사회복지 강화를 주장함
국민당 (National Party)	1936년	• 34석 (28.3%)	• 중도우파 • 무역 및 투자 자유화, 정부기구 축소 및 민간 자율화 확대를 지지함 • 사회보장제도 출소를 통한 긴축 예산 유지, 정부지출 삭감을 통한 국민조세 부담 경감 등을 주장함
뉴질랜드 행동당 (ACT New Zealand)	1994년	• 10석 (8.3%)	• 자유주의 • 작은 정부 지향, 시장 자유 강조 • 세제 개혁, 경제적 이익 확보를 위한 이민 정책 등을 주장함.
녹색당 (Green Party)	1990년	• 10석 (8.3%)	• 진보주의 • 환경보호 및 개발 반대를 주요 정책기조로 삼음 • 환경보존 및 반핵정책을 적극 지지함 • 고용증진, 사회보장지출 확대를 주장함

※ 자료: 국회도서관, 앞의 책, p.151에서 재인용한 것을 바탕으로 재작성
뉴질랜드 의회(New Zealand Parliament) > MPs and Electorates > Parliamentary parties. 2023.1.20. 인용: https://www.parliament.nz
뉴질랜드 행동당 홈페이지. 2023.1.20. 인용: https://www.act.org.nz

제 4 장 연동형 비례대표제 도입 논의

제4장 연동형 비례대표제 도입 논의

1. 민주화 이후 선거제도 개편

第6공화국 첫 국회의원 선거 제도

1987년 개정된 「대한민국 헌법」은 국회의원의 임기를 4년, 그 정수를 200명이상으로 하되 법률로 정하도록 하였으며, 국회의원 선거구와 비례대표제 및 기타선거에 관한 사항 또한 법률로 정하도록 위임하고 있다.

1987년 개헌이후 최초로 치러진 국회의원 선거는 1988년에 치러진 제13대 국회의원 선거이다 제13대 국회이원 선거를 치르기 위해 1988년 3월 17일 「국회의원선거법」이 전부개정 되었다.[58)]

지역구의 경우, 제13대 국회의원선거부터 선거구당 2인을 선출하는 중선거구제가 폐지되고 하나의 선거구당 한명의 후보자를 뽑는 소선거구제가 도입되었다. 아울러 중선거구제를 소선거구제로 전환하면서, 92개 지역구에서 184명을 선출하는 것에서 224개 지역구에서 224인을 선출하는 것으로 개정하여 의원정수와 선거구가 모두 늘어났다.

선국구[59)]의 경우, 전국구 의석수가 지역구 의석수의 1/3이 되도록 규정하였고, 이로써 제13대 국회의원선거의 전국구 의석수는 지역구 의석 224석의 1/3인 75석으로 확정되었다.[60)]

---

58) 제13대 국회부터 제20대 국회에 이르기까지 역대 국회의원 의석 배분 조항 연혁은 후면의 참고 4-1 참조

59) 제15대 국회의원선거까지 비례대표로 볼 수 있는 전국단위 의원 선출 방식을 '전국구의석'으로 표현하였다. 제16대 국회의원선거부터 비례대표로 명칭이 바뀌었는데, 전국구의석의 실질은 비례대표와 같으므로 동일한 것으로 이해해도 무방하다.

60) 이렇게 해서 제13대 국회 의석수는 총 299석으로 정해졌으며, 제19대 국회에서 세종시 의석이 추가되면서 300석으로 변경되기 전까지는 사실상 의석수 상한으로 여겨지게 된다.

전국구 의석은 지역구에서 5석 이상을 획득한 정당의 지역구 의석 비율에 따라 배분하도록 하였다. 다만, 제1당에 대한 우선배분 제도를 존치하였다는 점이 특이한 점이다. 우선배분제도에 따라 전국구 대표의석 지역구에서 가장 많은 의석을 차지한 정당(제1당)이 지역구에서 획득한 의석수가 지역구 의석총수의 50% 미만인 경우, 전국구의석수의 50%를 제1당에 우선 배분하도록 하고, 나머지 의석은 제2당 이하의 정당에 지역구의석비율로 배분하도록 하였다. 지역구 선거결과 제1당이 지역구 선거에서 과반을 얻지 못하더라도, 전국구의석의 50%를 우선 배분 받음으로써 전체 의석의 과반을 획득할 수 있도록 한 것이다.

전국구(비례대표) 의석배분방식의 비례성 강화

공직선거법상 전국구(비례대표)의석 배분 방식은 비례성이 강화되는 방향으로 개정되어 왔다. 제1당 우선배분 방식이 폐지되고, 의석 배분의 기준이 되는 정당별 배분비율을 정하는 방식이 소수정당에 유리한 방식으로 변화하였다.

앞서 살펴본 것과 같이 제13대 국회의원선거에 적용된 선거법에 따르면 지역구 선거결과 제1당이 지역구 선거에서 과반을 얻지 못한 경우, 제1당이 전국구의석의 50%를 우선 배분 받도록 규정되어 있다. 이는 제1당이 지역구 선거의 과반 달성과 무관하게 전국구의석의 3분의 2를 우선 배분받도록 규정하고 있었던 종전의 선거법에 비하면 비례성이 강화된 것이었다.

제14대 국회의원 선거를 위한 선거법에서는 제1당에 대한 전국구 의석 우선 배분제도를 폐지함으로서 표의 등가성을 강화하였다. 또한, 지역구에서 5석 이상을 획득하지 못한 정당이라도 유효득표총수의 3%이상 득표시 우선적으로 1석을 배분하도록 하고, 나머지 의석을 지역구의석비율에 따라 배분하도록 하여 소수정당의 의회진출을 촉진하였다.

제15대 국회의원 선거는 「대통령선거법」·「국회의원선거법」·「지방의회의원선거법 및 지방자치단체의장선거법」을 통합한 「공직선거 및 선거부정

방지법」에 따라 행해졌다. 제15대 국회의원 선거에 적용된 선거법은 유효투표수의 5% 이상 득표하거나 지역구 5석 이상을 획득한 정당을 대상으로, 전국구 의석을 각 정당이 획득한 지역구 의석비율에 따라 배분하는 것이 아니라 지역구 의석 확보여부와는 무관하게 정당이 지역구 국회의원선거에서 획득한 유효득표수의 비율에 따라 배분하도록 하였다. 또한 유효투표수 3% 이상 5% 미만을 획득한 정당에는 전국구 국회의원의석 1석을 배분하였다. 이로 인하여 지역구에서 국회의원을 선출하기 어려운 정당이 전국구 의석을 획득할 가능성이 높아졌으며, 지역구에서 당선이 되지 않아 사표(死票)가 된 득표도 전국구의원 배분과정에 반영되게 되었다.

제16대 국회의원선거를 위한 선거법에서는 국회에 대한 신뢰를 회복하고 정치개혁을 도모한다는 차원에서 지역구 의석수를 227석으로 감축하고, 전국구라는 명칭을 비례대표라는 명칭으로 바꾸는 등 변화를 도모하였으나, 비례대표 의석배분 방식에는 변화가 없었다.

제17대 국회의원 선거에 적용된 선거법부터는 지역구 후보자에 대한 투표와는 별도로 정당에 대한 투표를 시행하는 1인 2표제가 도입된다. 이는 헌법재판소가 지역구후보자에 대한 투표를 비례대표 국회의원 의석 배분에 다시 활용하는 방식이 민주주의 원리 · 직접선거의 원칙 및 평등선거의 원칙에 위반된다고 결정(2000헌마91)함에 따른 것이었다. 이로 인하여 전국적으로 일정 수준 이상의 지지도를 얻고 있는 소수정당이 비례대표 선거에서 의석을 확보할 가능성이 높아졌다. 종전 방식에서는 소수정당을 지지하는 유권자가 지역구에서 당선가능성이 낮은 소수정당 출신 후보자에 투표하기보다 당선가능성이 높은 거대정당 출신 후보자에 전략적으로 투표하게 되어 소수정당에 대한 유권자의 지지가 실제 비례대표 의석 배분에 반영되지 않을 수 있었다. 비례대표 선출을 위해 정당에 직접 투표하는 1인2표제로의 전환은 이러한 전략적 선택의 여지를 없애 소수정당에게 불리한 측면을 완화하는 효과가 있는 방식이었다. 제17대 국회의원 선거에서 시행된 비례대표 의석배분 방식은 제20대 선거까지 유지된다.

전국구(비례대표) 의석수의 축소

비례성이 강화되는 방향으로 진행된 비례대표 배분 방식의 변화와는 달리 비례대표 의석수는 선거를 거듭함에 따라 축소되어 왔다. 전체 의석수를 늘리기 어려운 국민정서 하에서 지역구 의석의 선거구 획정 기준이 강화됨에 따라 지역구 의석수가 늘어나고 비례대표 의석은 줄어든 것이다.

1988년 제13대 국회의원선거는 공직선거법에 따라 지역구 의석수의 1/3을 비례대표 의석수가 되도록 명문으로 규정하였으나, 이 원칙은 제14대 국회의원선거를 위한 선거법 개정시에 삭제되었고, 75석이던 전국구의석수는 62석으로 축소되었다. 이후로도 선거를 앞두고 지역구를 재획정 할 때마다 전국구(비례대표) 의석수는 축소되는 경향을 보이면서 제20대 국회의 비례대표의석수는 지역구 의석의 18.6%인 47석에 그치게 되었다.

구체적으로 비례대표의원 수가 줄어든 선거는 1992년 14대 선거와 1996년 15대선거, 2008년 18대 선거와 2016년 20대 선거이다.[61] 특히 제15대 선거와 제20대 선거는 비례대표 의석수가 각각 16석과 7석씩 크게 감소하였다. 이처럼 국회의원 선거에 있어 비례대표의석수가 줄어든 원인은 전체 의석정수의 증가는 없는 상황에서 지역구 의석수를 늘리고자 하였기 때문이다.

제15대 선거는 선거구 획정에 있어 인구기준의 상한선과 하한선 비율의 한계를 4:1로 제시한 헌법재판소의 결정(95헌마224)[62] 에 따라 인구의 상하한선을 엄격히 적용하여 치러진 최초의 선거였다. 제20대 선거의 경우 헌법재

---

61) 구체적인 의석정수는 후술하는 [88년도 이후 국회의원 정수 및 비례대표 의석 배분 방식] 참조

62) 헌법재판소는 인구기준의 상한선과 하한선과 관련하여 전국 선거구의 평균인구수를 기준으로 일정 비율을 더하거나 뺀 수를 상한선과 하한선으로 설정하고 있다. 전국 선거구의 평균인구수의 60%를 더하거나 뺀 수를 상한선과 하한선으로 설정 시 상한선과 하한선의 비율이 160:40으로서 4:1이 되며, 같은 논리로 50%를 더하거나 뺀 수를 기준으로 하면 150:50으로서 3:1, $33\frac{1}{3}$%를 더하거나 뺀 수를 기준으로 하면 $133\frac{1}{3}$:$66\frac{2}{3}$으로서 2:1이 된다. 참고로 가장 최근 선거인 제21대 국회의원선거는 인구기준 2:1 비율을 적용하였으며 상한 278,000명, 하한 139,000명을 기준으로 획정하였다. 선거구 획정의 세부적인 사항에 대해서는 국회의원선거구획정위원회, 「제21대 국회의원선거 선거구획정 백서」, 2020 참조

판소가 2014년 결정(2012헌마190)으로 인하여 선거구 획정의 인구기준을 2:1로 변경하여 선거구를 획정하였다.

선거구 획정의 인구기준의 강화는 인구기준 하한선의 상승효과와 인구기준 상한선의 하강효과를 발생시킨다. 이 경우 농산어촌 지역과 같이 인구가 감소하고 있는 상당수의 선거구가 인구기준 하한선 이하가 되어 선거구 통폐합 대상이 되고, 또 인구기준 상한선을 초과한 선거구의 분구는 지역구의 수를 늘리기 때문에, 의원 정수를 유지하기 위하여 다른 시역구의 추가적인 통폐합을 발생시킨다. 결국 선거구의 통폐합을 최소화하고, 현행 지역구를 가능한 한 그대로 유지하기 위해서는 지역구 의원 정수를 늘리는 것이 해법으로 등장한다. 의원 총 정수를 늘리지 않는 한, 반대급부로 비례대표 수는 줄어들게 된다.[63]

비례성 확대를 위한 새로운 비례대표 의석배분 방식의 제안

종합적으로 살펴볼 때, 비례대표(전국구)의석 배분 제도는 제1당 우선배분제도 폐지, 의석수가 아닌 득표비율에 따른 의석수 배분, 지역구 투표와 정당에 대한 비례대표 투표를 별도로 하는 1인 2표제 시행 등 소수정당의 의회진출을 촉진하는 방향으로 이루어졌다. 그러나 인구기준 강화 등으로 인하여 지역구 의석수가 증가하여 왔고, 지역구 의석수가 증가한 만큼 비례대표 의석수는 감소하였다.

이러한 상황에서 정당득표가 비례대표 의석배분만을 결정하는 병립형 비례대표 배분방식을 유지하는 한 더 이상의 비례성 강화를 위한 제도개선은 어려운 상황이 되었다. 비례대표 총 의석수를 정당득표 비율대로 정확히 나누는 것 이상으로 비례성을 강화하는 방식은 생각하기 어렵기 때문이다. 또한 의원정수를 300석으로 유지하는 한 비례대표 의석수를 증가시켜서 비

63) 제17대 국회의원 선거에 있어서도 2001년 헌법재판소 결정(2000헌마92)으로 인해 인구기준이 4:1에서 3:1로 변경되었다. 이로 인해 지역구 의석이 227석에서 243석으로 16석 증가하였으나, 전체 의원정수를 273석에서 제15대 국회의원 의석정수와 동일한 299석으로 환원함으로써 비례대표 의석수의 축소를 피할 수 있었다.

례성을 강화하고자 하는 시도는 지역구 의석수의 감소를 수반하기 때문에 실현이 어렵다.

이러한 배경에서 정당득표를 비례대표 의석배분에만 적용하는 병립형 방식의 배분제도 자체를 변경하고자 하는 제안이 등장하게 되는데, 정당득표를 총 의석 배분에 직접 적용하려는 것이다.

2005년 노무현 대통령은 지역구도 해소를 위한 한 방안으로 "독일식 비례대표제"를 예시로 든 바 있으며[64], 민주노동당 등 진보정당과 시민단체를 중심으로 "독일식 비례대표제"를 도입해야 한다는 주장이 제기되기 시작하였다. 이 "독일식 비례대표제"가 바로 "연동형 비례대표제"이다.

중앙선거관리위원회의 "권역별 비례대표제" 도입 제안

중앙선거관리위원회는 2015년 2월 국회에 정치관계법 개정의견을 제출하면서, 그 주요내용으로 권역별 비례대표제의 도입을 제안하였다.[65] 중앙선거관리위원회는 개정의견에서 권역별 비례대표제의 도입 이유로 지역주의 완화와 유권자 의사의 충실한 반영을 제시하였다.

개정의견은 전국을 6개 권역으로 구분하고, 총정수 300명을 권역별로 인구비례에 따라 배분하고, 권역별로 비례대표 비율은 2:1 범위에서 정하도록 설정하였다.

가장 핵심적인 사항은 정당투표 비율에 따라 권역별로 비례의석과 지역구 의석을 합한 전체의석의 배분비율이 결정되는 연동형 비례대표제를 제안했다는 점이다. 아울러 지역구 후보자가 비례대표 후보자로도 입후보 하는 동시입후보제를 도입하면서, 동시 입후보자를 같은 순번에 배치할 수 있도록 하고 같은 순번 내에서 상대득표율[66]이 높은 후보자를 당선자로 결정하는 석패율제를 함께 제안하였다.

---

64) 노대통령 "권역별, 독일식 비례대표제 있다" 연합뉴스, 2005.7.29.

65) 2015년 중앙선거관리위원회 개정의견 원문은 참고자료 4-2 참조

66) 해당 후보자의 득표수/해당 지역구의 후보자 1인당 평균득표수

[88년 이후 국회의원 정수 및 비례대표 의석 배분 방식]

구 분	의원정수			비례대표(전국구) 배분방식
	계	지역구	비례대표(전국구)	
13대 (1988~1992)	299	224	75	전국구의석은 지역구총수의 1/3이고, 지역구 5석 이상 획득 정당에 의석비율로 배분. 지역구에서 가장 많은 의석을 차지한 정당(제1당)이 지역구에서 획득한 의석수가 지역구 의석총수의 50% 미만인 경우, 전국구의석수의 50%를 제1당에 우선 배분하고 잔여의석은 제2당 이하의 정당에 그 지역구 의석비율대로 배분.
14대 (1992~1996)	299	237	62	전국구의석은 지역구 의석수 비율로 배분. 5석미만 정당이라도 3/100 이상 득표시 우선 1석씩 배분
15대 (1996~2000)	299	253	46	전국구의석은 지역구 득표비율로 배분. 3/100이상 5/100미만 득표 정당에 우선 1석씩 배분
16대 (2000~2004)	273	227	46	
17대 (2004~2008)	299	243	56	비례대표선거 별도 실시. 3/100이상 득표 또는 지역구 5석이상 정당에 전국비례대표 득표비율에 따라 비례의석 배분
18대 (2008~2012)	299	245	54	
19대 (2012~2016)	300	246	54	
20대 (2016~2020)	300	253	47	

2. 제20대 전반기 국회(2016.5~2018.5)의 연동형 비례대표제 도입 논의

연동형 비례대표제 도입 법안 발의

제20대 국회에 들어오게 되자 연동형 비례대표제가 법률안의 형태로 제안되기 시작하였다. 이전 대의 국회에서 연동형 비례대표제가 개념적으로 논의되기는 하였으나, 구체적인 법률안의 형태로 성안되어 제출된 것은 제20대 국회가 처음이다.

제20대 국회에서 국회의원 연동형비례대표제를 제안한 법률안은 더불어민주당 및 정의당 소속 의원들에 의하여 발의되었다. 소병훈의원안(16. 7.27. 발의), 박주현의원안(16.10.24. 발의), 김상희의원안(17. 2.14. 발의), 박주민의원안(17. 2.15. 발의), 심상정의원안(17.12.12. 발의)이 있다.

박주민, 김상희, 박주현, 심상정의원안은 지역구국회의원수를 유지하고 비례대표 국회의원수를 확대하였고, 소병훈의원안은 전체 정수는 유지하고 지역구 의원수는 축소하는 방안을 채택하였다.

소병훈의원안, 김상희의원안, 박주민의원안은 전국을 6개의 권역으로 나누어 각각의 권역별로 명부를 작성하여 비례대표를 선출하는 '권역별 비례대표제'를 도입하였으며, 박주현 · 심상정의원안은 기존과 같이 전국단위의 단일권역으로 비례대표를 선출하는 방식을 취하였다.

[제20대 국회 전반기 발의된 연동형 비례대표제 법안]

구 분		소병훈 의원안	김상희 의원안	박주민 의원안	박주현 의원안	심상정 의원안
의석수	총정수	300	인구 15만명 당 1인	인구 14만명 당 1인	316	360
의석수	지역구:비 례	2:1	3:1	2:1	253:63	2:1
의석수	농어촌지역대표성	–	반영[67] –		–	–
비례대표 명부작성단위		권역별(6개)	권역별(6개)	권역별(6개)	전국	전국
지역구·비례 중복입후보		불가능	불가능	가능(권역별 30%범위 내)	불가능	불가능
의석 배분	지역구	정당별 득표율로 배정(지역구+비례대표)				
의석 배분	비 례					
초과의석 허용여부		가능	가능	가능	지역구 : 가능 총정수:불가능[68]	가능
당선인결정	방식	연동형	연동형	연동형	연동형	연동형
당선인결정	지역구	전과동일	좌동	좌동	좌동	좌동
당선인결정	비 례	권역별로 결정			전국 단위로 결정	
당선인결정	비 례	정당이 배정받은 총의석수에서 지역구 당선인수를 뺀 나머지 수만큼 명부순위에 따라 당선인 결정				

67) 1. 비례대표정수의 100분의 30 권역별 배분 2. 나머지 정수를 권역별 인구수에 따라 할당하되, 서울·인천·경기외 지역은 100분의 10을 가중

68) 1. 지역구에서 해당 정당의 의석총수보다 많은 추가의석 획득 허용. 2. 추가의석을 보유하지 아니한 의석할당정당만을 대상으로 득표비율과 남은 비례대표정수를 곱하여 할당

제19대 대통령선거 과정에서의 각 후보별 선거제 개편 공약

2017년 3월 10일 헌법재판소의 결정으로 박근혜 대통령 파면이 확정됨에 따라 2017년 5월 9일 대통령선거가 실시되었다. 더불어민주당 문재인 후보, 국민의당 안철수 후보, 바른정당 유승민 후보, 정의당 심상정 후보는 공약집을 통해 선거구제 개편에 대한 입장을 제시하였다.[69] 자유한국당 홍준표 후보는 공약집에 선거구제 개편에 관한 사항을 공약하지 않았다.

더불어민주당 문재인 후보는 국회구성의 비례성 강화 및 지역편중 완화를 위하여 국회의원선거에 권역별 정당명부 비례대표제를 도입할 것을 공약하였다.

국민의당 안철수 후보는 정당 득표율과 의석비율이 일치하지 않아 민의가 제대로 반영되지 않고 있음을 문제점으로 지적하면서, '독일식 정당명부 비례대표제'를 도입할 것을 공약하였다.

바른정당 유승민 후보는 현재의 국회, 선거 · 정당제도로는 민심을 담아낼 수 없으므로, 대도시 지역은 중 · 대선거구제도, 지방 · 농촌지역은 소선거구제도로 개편할 것을 공약하였다.

정의당 심상정 후보는 정당지지도와 의석점유율이 비례하지 않는 기존 선거제도를 비민주적이고 불공정하다고 지적하면서, 지역구와 비례대표 비율을 2:1로 하고 의석 전체를 정당득표율을 기준으로 배분하는 독일식 연동형 비례대표제를 도입할 것을 공약하였다.

정치개혁특별위원회 활동

제20대 국회는 선거제도 개편 논의를 진행하기 위해 세 차례에 걸쳐 정치개혁특별위원회를 구성하였다. 첫 번째 특별위원회는 정치개혁 특별위원회라는 이름으로 2017년 하반기에, 두 번째 특별위원회는 헌법개정 및 정치개혁 특별위원회라는 이름으로 2018년 전반기에, 세 번째 특별위원회는 다

69) 제19대 대통령선거 후보자별 선거제도 관련 공약은 참고 4-3 참조

시 정치개혁 특별위원회라는 이름으로 2018년 후반기부터 2019년 8월까지 활동하였다.[70)]

첫 번째 정치개혁특별위원회는 헌법개정 특별위원회의 활발한 활동 등 국회 내에서 헌법개정 논의가 활발한 가운데, 선거제도 개편논의가 헌법개정 논의와 함께 이루어질 필요가 있다는 점에서 구성되었다. 아울러 2018년 전국동시지방선거에 필요한 선거법 개정 논의도 함께 이루어졌다. 여야동수로 18인(더불어민주당 9인, 자유한국당 6인, 국민의당 2인, 비교섭단체 1인)을 구성하였으며, 위원장은 더불어민주당 원혜영의원이 맡았다. 연동형 비례대표제 도입논의는 활동 말기인 2017년 12월에 집중적으로 이루어졌으며, 지방의회선거에 연동형 비례대표제를 도입하는 논의까지 확대되었으나, 위원회 활동기한 내 논의를 마무리 짓지 못하고 특위활동이 종료되었다.

두 번째 헌법개정 및 정치개혁특별위원회는 헌법개정 논의와 선거제도 개혁 논의를 종합적으로 논의할 필요성에 따라 헌법개정특별위원회와 정치개혁특별위원회를 통합한 형식으로 출범하였다. 선거법 개정 관련 이슈는 "정치개혁소위원회"에서 주로 심사하였다.

연동형 비례대표제에 관한 논의는 2018년 4월 19일 제8회 정치개혁소위원회에서 논의되었다. 더불어민주당 · 바른미래당 · 정의당 소속 위원들은 대체적으로 비례성을 강화하는 선거제도 개편에 우호적인 입장을 보였다. 분권형 대통령제로 가기 위해서 의원내각제를 지향한다면 연동형 비례대표제의 도입 등을 통해 다당제를 지향할 수 있다는 자유한국당 소속 나경원 의원의 의견도 있었다. 그러나 정당간 헌법개정안 합의에 이르지 못함에 따라 선거법 개정에 대한 합의 또한 무산되었으며, 선거제도 개편논의는 제20대 후반기 국회로 넘어가게 되었다.

---

70) 세 번의 특위에 대한 결과보고서는 행정안전위원회, 국회운영위원회 홈페이지에서 확인할 수 있다. 첫 번째, 세 번째 결과보고서는 행정안전위원회 홈페이지(https://adminhom.na.go.kr:444/adminhom/index.do?extendedParam=site_id=adminhom) - 자료실 - 정치개혁특별위원회 - 게시물 번호 70번, 82번을 검색하면 된다(검색일 : 2022.7.5.). 두 번째 결과보고서는 국회운영위원회 홈페이지(https://steering.na.go.kr:444/ steering/index.do?extendedParam=site_id=steering) - 자료실 - 특위활동결과보고 - 게시물 번호 24번을 확인하면 된다(검색일 : 2022.7.5.)

3. 20대 후반기 국회(2018.5. ~ 2020.5.)에서의 연동형 비례대표제 도입 논의

세 번째 정치개혁특별위원회(이하 정개특위) 구성 경과

2018년 5월 30일 제20대 후반기 국회가 시작되었으나, 2018년 6월 전국동시지방선거등의 사정으로 인하여 원구성 협상은 7월 10일에 마무리 되었다. 원구성 합의사항 중의 하나로 정치개혁특별위원회 구성이 포함 되어 있었고, 정치개혁특별위원장은 교섭단체 평화와 정의의 모임 몫으로 배정되었다.[71] 합의 결과에 따라 2018년 7월 26일 정치개혁특별위원회 구성결의안이 국회 본회의를 통과하였다.

그럼에도 불구하고 정치개혁특별위원회는 상당 기간동안 활동하지 못하였다. 이는 정치개혁특별위원회 위원구성이 지연되었기 때문이다. 정치개혁특별위원회 구성결의안에 따르면 특위 위원수는 18명 여 · 야 동수로 구성하도록 규정되어 있었으나, 막상 명단을 제출하여야하는 상황이 되자 정당간에 특위 위원 구성에 이견이 발생하여 자유한국당이 위원 명단을 상당기간 제출하지 아니하였기 때문이다.

여야는 다시 위원구성에 관하여 재협상하여 더불어민주당 8명, 자유한국당 6명, 바른미래당 2명, 정의당과 민주평화당이 각각 1명씩 위원으로 참여하도록 합의하였고, 이 합의 결과에 따라 2018년 10월 18일 위원 구성이 완료되었다.

정개특위 첫 회의는 구성결의안 의결 3개월 뒤인 2018년 10월 24일에 개최되었는데, 이 회의에서 심상정 의원이 위원장으로 선출되고, 더불어민주당 김종민, 자유한국당 정유섭, 바른미래당 김성식의원이 간사로 선임되었다.

---

71) 원구성 결과 18개 상임위 위원장은 민주당 8곳, 한국당 7곳, 바른미래당 2곳, 평화의 정의 모임 1곳이 배분되었으며, 사법개혁특위, 정치개혁특위 등 6개 비상설특위를 설치하기로 합의하였다. 이중 정치개혁특위 위원장이 평화와 정의 모임으로 배정되었다. 경향신문, 「'지각 국회' 상임위장 관례 따라 배분…교문위 분할 '나눠먹기'」, 2018.7.10.

2018년 10월 30일 제2차 정치개혁특별위원회에서 소위원회를 구성하여, 선거구제 개편에 관한 사항을 정치개혁제1소위원회에서 심사하도록 하였고 소위원장은 더불어민주당 김종민의원이 맡게 되었다. 2018년 11월 7일 공직선거법 등 관련 법안 및 청원을 상정하고, 소위원회에 회부하였다. 이후 선거법 개편에 관한 사항은 정치개혁제1소위원회를 중심으로 이루어지게 된다.

정개특위에서의 선거구제 개편 논의

이후 정개특위 전체회의와 제1소위에서의 공청회 · 업무보고를 거치고 선거제도 개편안에 대한 논의가 본격적으로 이루어지게 된다. 선거제도 개편 방안, 비례의석수의 비율, 의원정수 확대, 선거구의 크기 등에 대해 폭넓은 의제를 두고 논의되었다.

논의 결과를 바탕으로 정개특위 여야 3당 간사는 2018년 12월 3일 "국회의원선거제도 선거제도 개혁 방안"이라는 "발제안"을 작성하여 제20대 국회의원 전원에게 발제안을 발송하였다.[72] 발제안은 (A안)소선거구제 + 권역별 비례제(연동형) + 정수유지, (B안)도농복합 선거구제 + 권역별 비례제(연동형/병립형) + 정수유지 , (C안) 소선거구제 + 권역별 비례제(연동형) + 정수확대의 3가지 안으로 구성되어 있다. 발제안은 합의된 안은 아니며, 그동안 의원들과 각 정당의 다양한 의견을 종합해 정개특위 위원장과 간사들이 정리한 것으로 본격적인 토론을 활성화하기 위한 발제안으로 작성한 것이었다.

손학규 · 이정미 대표 단식과 5당 합의

정치개혁특별위원회의 논의와는 별개로 2018년 정기국회의 가장 중요한 안건인 2019년도 예산안에 대한 여야 대치 상태가 장기화될 우려가 제기되자 더불어민주당과 자유한국당이 바른미래 · 민주평화 · 정의당 야 3당을 제외하고 2019년도 예산안에 합의하였다. 이에 2018년 12월 6일에는 손학규

72) 2018년 12월 정개특위 간사발제안의 상세한 내용은 참고 4-4 참조

바른미래당 대표가, 12월 7일에는 이정미 대표가 다당제 성립을 위한 연동형 비례대표제 도입을 요구하며 무기한 단식을 단행하였다. 단식은 12월 15일까지 계속되었으며, 단식기간동안 정개특위 논의는 중지되었다.

더불어민주당, 자유한국당, 바른미래당, 민주평화당, 정의당 여야 원내대표는 12월 5일 6개사항에 대하여 합의하였다. 구체적인 합의사항은 ① 연동형 비례대표제 도입을 위한 구체적인 방안 적극 검토, ② 비례대표 확대 등 구체적 사항은 정개특위 합의에 따름, ③ 석패율제 등 지역구도 완화 제도 도입 적극검토, ④ 선거제도 개혁 관련 법안 1월 임시국회 합의처리, ⑤ 정개특위 활동시한 연장, ⑥ 선거제도 개혁 관련 법안 개정과 동시에 곧바로 권력구조 개편을 위한 원포인트 개헌논의 시작의 총 6개항이었다. 위와 같은 합의에 이르자 손학규 · 이정미 대표는 단식을 해제하였다.

17/12 2018 10:43 FAX 02 788 8500 002

합 의 사 항

더불어민주당, 자유한국당, 바른미래당, 민주평화당, 정의당 5당은 선거제도 개편과 관련하여, 아래와 같이 합의한다.

1. 연동형 비례대표제 도입을 위한 구체적인 방안을 적극 검토한다.

2. 비례대표 확대 및 비례·지역구 의석비율, 의원정수(10% 이내 확대 여부 등 포함해 검토), 지역구 의원선출 방식 등에 대하여는 정개특위 합의에 따른다.

3. 석패율제등 지역구도 완화를 위한 제도도입을 적극 검토한다.

4. 선거제도 개혁 관련법안은 1월 임시국회에서 합의처리한다.

5. 정개특위 활동시한을 연장한다.

6. 선거제도 개혁 관련 법안 개정과 동시에 곧바로 권력구조개편을 위~~한 원포인트 개헌논의를 시작한다.~~

2018. 12. 15.

더불어민주당 원내대표 홍영표

자유한국당 원내대표 나경원

바른미래당 원내대표 김관영

민주평화당 원내대표 장병완

정의당 원내대표 윤소하

▲2018.12.15. 여야5당 원내대표 합의문

연동형 비례대표제 도입 쟁점 토론

여야 5당 합의 이후 정치개혁제1소위는 매주 2차례의 회의를 개최하여 연동형 비례대표제 도입을 위한 논의를 지속하였다. 정치개혁제1소위의 선거구제 개편 논의는 1월 말까지 지속되었다. 핵심 논의사항은 7가지로, ① 의석 배분방식, ② 지역구 의원 선출 방식, ③ 지역구와 비례대표의 비율, ④ 비례대표 선출 방식(권역별 · 전국단위/권역의 구분), ⑤ 바람직한 의원정수, ⑥ 석패율제, 이중등록제, ⑦ 공천제도 개혁 7개 항이었다.

연동형 비례대표제 도입 그 자체에 대해서도 이견이 발생했다. 5당 원내대표 합의에 따라 연동형 비례대표제 도입을 위한 구체적 방안을 중심으로 논의하는 것이 필요하다는 의견이 있었다. 반면, 연동형 비례대표제는 대통령제와의 비정합성, 국회의원 수 증가, 비례대표 선출과정의 불공정성, 정당간 담합에 따른 분할투표 우려, 위헌성에 대한 검토가 필요하다는 의견 또한 제기되었다.

의원정수 확대 문제

논의과정에서 가장 크게 문제가 된 부분은 의원정수를 확대하는 문제였다. 의원정수 확대 문제가 주요 쟁점이 된 것은 연동형 비례대표제를 안정적으로 작동하기 위해서 일정수준의 비례대표 의석 비율이 확보되어야 한다는 공감대 때문이었다.

연동형 비례대표제는 정당득표 결과 산정된 의석수와 지역구에서 확보된 의석간의 격차를 비례대표 의석 수로 메우는 구조로 설계되어있다. 만약 산정된 의석수와 지역구 의석수를 비례대표 의석수만으로 메우지 못한다면 초과의석이 발생하게 되고, 이는 의석 정수의 불확실성을 가중시킨다.

따라서 연동형 비례대표제를 안정적으로 작동시키기 위해서는 상당비율의 비례대표 의석수를 확보하는 것이 필수적이다. 중앙선거관리위원회가 제안한 권역별 · 연동형 비례대표제는 지역구 국회의원과 비례대표 국회의원

정수의 비율을 2:1로 하였다. 그런데 이 경우 지역구 의석수가 200석으로 대폭 감소하게 되는 부담이 있다.

이에 지역구 의석수 감소를 최소화하기 위해서 330석이나 360석으로 의석 수를 늘리는 안이 제안되었다. 특히 360석으로 늘리면서 지역구와 비례대표 의석 비율을 2:1로 유지한다면 지역구는 240석이 되어 기존 대비 13석만 감소시키면 되는 안이어서 지역구 안배에 장점이 있다. 그러나 의석수가 대폭 증가하는 부담이 있어서, 논의가 진행될수록 의석 수를 늘리는 제안은 힘을 잃어갔다. 후술하겠지만 자유한국당이 의원정수를 270석으로 줄이는 안을 발표하고, 의원정수 증가를 반대하는 여론조사 결과가 나옴에 따라 의원정수를 늘리는 안은 정치권에서 다루기 어려워졌다.

"도농복합형 선거구제" 도입 논의

지역구 수를 줄이는 한가지 방안으로서 "도농복합형 선거구제"가 제시되기도 하였다. "도농복합형 선거구제"는 도시지역은 한 선거구에 2인~4인의 의원을 선출하는 중대선거구제를 도입하고, 농어촌지역은 기존의 소선거구제를 유지하는 방안이다. 도시지역은 적은 면적에 많은 인구가 같은 생활권을 공유하고 있으므로 선거구를 분할할 필요성이 적다는 것이 주요 근거로 제시되었다.

도농복합형 선거구제가 지역구 의원 수를 줄이는 방안으로 여겨질 수 있는 것은, 도시지역 지역구를 중대선거구로 묶는 과정에서 의원 정수를 줄일 수 있다는 계산에 따른 것이다. 도농복합형 선거제의 도입으로 의원정수를 감축하는 방안을 예를 들어 설명해 보면, 지역구의 인구 최저기준이 14만명, 최대가 28만명인 2:1의 인구 편차 유지를 가정한다. 이 때, 인구 15만명의 지역구 3개가 결합된 인구 45만명의 지역을 재획정 하는 경우 의원 1명당 인구수가 각각 22.5만명인 2명의 의원을 선출하는 1개의 지역구로 개편하여 의원정수를 줄일 수 있다는 아이디어이다. 국회입법조사처는 2018년 2월 6일 「선거제도 개선방향: 중선거구제와 연동형 비례대표제 결합 시뮬레이션 분석」에서 부분적 중선거구제를 실시할 경우 지역구의석을 253석에서 224석으로 줄일 수 있는 시뮬레이션 결과를 제시하기도 하였다.

이처럼 도농복합형 선거구제는 지역구 의원수를 줄이는 방안으로 여겨질 수 있으나, 지역구 감소가 도시지역을 중심으로 이루어져 도시지역을 기반으로 하는 정당이나 의원들에게는 매력적인 선택지가 되기는 어렵다.

더불어민주당의 한국형 연동형 비례대표제

결국 정당득표율과 의석배분율이 완벽하게 일치되는 연동형 비례대표제의 설계는 "지역구 의원수 축소의 어려움"과 "의원정수 확대의 어려움"이라는 2개의 제약조건에 가로막혀 그 설계에 난항을 겪게 되었다. 그런 와중에 더불어 민주당을 중심으로 비례성을 일부 희생하는 "한국형 연동형 비례대표제"가 제안되었다. 이는 소속의원의 상당수가 지역구 의원으로서 지역구에 기반이 있는 더불어 민주당의 이해와도 일치하는 측면이 있었다.

민주당에서 제안한 "대안적 연동형 비례대표제"는 크게 3가지였다. 첫 번째는 "준연동형"으로서, 연동형에 따른 비례대표 의석 산정시 일부 의석을 일정한 비율만큼 삭감하고, 나머지 의석은 기존의 병립형으로 배분하는 안이다. 두 번째는 "복합연동형"으로, 의석 배분을 결정하는 정당득표율에 정당투표 뿐만 아니라 지역구 투표를 반영하는 안이다. 세 번째는 "보정연동형"으로, 지역구 선거에서 발생한 득표율과 실제 의석 배분율을 비교하여 그 차이만큼 비례의석으로 보정해 주는 안이다.

민주당의 "대안적 연동형 비례대표제"는 비례대표 투표 외에도 지역구 후보에 대한 투표에도 정당에 대한 선호가 혼합되어 있으므로, 이를 총의석 배분에 반영해야 한다는 생각에 기초한다. 이에 "준연동형"처럼 제한적으로 정당득표율을 총의석 산출에 활용한다던가, 지역구 후보에 대한 정당득표율을 의석 배분 기준으로 활용하는 "복합연동형"이나 "보정연동형"이 제안된 것이다.

이 제안들은 논리적으로 순수한 형태의 연동형 비례대표제에 비해 낮은 비례성을 갖게 되는 반면, 초과의석의 확대가능성은 줄어들게 된다. 준연동형은 연동형으로 배분되는 의석 수 자체를 삭감함으로서 보정에 필요한 비례대표 의석수를 줄인다. 복합연동형과 보정연동형은 의석 배분 기준에 거대정당을 선호하는 경향이 있는 지역구 투표를 계산에 반영함으로서 불비례 보정을 위한 비례대표 의석수의 수를 줄이는 효과를 지닌다.

[쟁점별 주요 토의 내용]

구 분	내 용
연동형 비례대표제 도입	ㅇ 5당 원내대표 합의에 따라 연동형 비례대표제 도입을 위한 구체적 방안을 중심으로 논의하는 것이 필요하다는 의견 ㅇ 연동형 비례대표제는 대통령제와의 비정합성, 국회의원 수 증가, 비례대표 선출과정의 불공정성, 정당 간 담합에 따른 분할투표 우려, 위헌성에 대한 검토가 필요하다는 의견 등이 있음
대안적 비례성 강화 선거제도 모색	ㅇ 지역구 득표를 정당의석배분 기준에 반영하는 안, ㅇ 정당별 의석수 결정시 정당득표비율을 부분적으로 반영하는 안, ㅇ 비례대표 배분시 지역구 선거결과 발생한 불비례 부분을 보정하는 방식 등이 제시됨
지역구 의원 선출방식	ㅇ 도농복합형 선거구제 주장 의견 있음 ㅇ 중대선거구제 채택 주장 의견 있음 ㅇ 비례성과 지역대표성을 조화하는 방안이 모색되어야 한다는 의견이 있었음
의원정수	ㅇ 300석 유지안 ㅇ 기타 320명, 330명, 360명 안 등이 제시됨 ㅇ 연동형 비례대표제 도입 전제로 모든 방안의 논의가 가능하다는 의견 있었음
지역구: 비례대표 비율	ㅇ 비례성 강화를 위해 2:1 내지 3:1로 정하는 의결 제시 – 의원 정수 결정에 따라 225:75, 240:80, 220:10, 247:83 등의 의견이 있음
석패율·이중등록제의 도입	ㅇ 석패율 · 이중등록제 도입을 전제로 논의하는 것은 아니라는 의견 ㅇ 한국적 상황에서 석패율제 도입을 고려할 수 있다는 의견과 ㅇ 석패율·이중등록제가 중진정치인에게 유리하다는 비판이 있음

다양한 아이디어들

논의가 진행됨에 따라 연동형 비례대표제의 틀을 벗어나 비례성을 강화시킬 수 있는 안에 대한 논의도 진행되었다. 기존의 병립형 비례대표 선출방식을 유지하되, 비례대표 비율을 대폭 증가시켜 지역구와 비례대표 의석 비율을 1:1로 만드는 안이 제시되기도 하였다. 지역구를 줄일 수 있는 방안으로서, 권역별로 비례대표를 선출하고, 정당별 명부에 등재되는 비례대표 후보의 당선 순위를 사전에 정당이 정하는 폐쇄형이 아닌 유권자의 투표로 당선 순위가 결정되는 개방형으로 전환하는 일종의 대선거구제로 개편하는 방안 또한 논의되었다.

국회 내의 특별위원회인 정치개혁특별위원회 논의와 병행하여, 국회는 선거제도 개혁 및 정치개혁의 주요쟁점에 대한 자문을 목적으로 정치개혁특별위원회 자문위원을 위촉하고 자문위원회를 구성하도록 하였다. 자문위는 정계의 원로들과 학계, 언론인, 시민사회의 전문가 등으로 구성되었으며, 2018년 11월 19일 18명의 자문위원을 위촉하여 출범하였다.

2018년 11월부터 2019년 1월까지는 정치개혁특별위원회 소위원회에서 선거제도 개편 논의가 활발히 진행되던 기간이었다. 동 기간 동안 정치개혁특별위원회 자문위원회 또한 7차례에 걸쳐 자문위원회의를 개최하였다. 주요 논의 사항은 비례성을 강화하는 선거제도의 도입, 의원정수 확대 문제, 봉쇄조항 문제, 선거권 연령 상향 등이었다.

논의 결과를 바탕으로 2019년 1월 9일 자문위원 16인[73]은 "선거제도 개혁을 위한 국회 정치개혁특별위원회 자문위원회 의견과 제언"을 국회의장에 전달하였다. 의견의 요지는 선거의 비례성을 촉진하는 선거제도 개혁이 정치개혁특별위원회에서 이루어야 한다는 것이었고, 구체적인 제언으로 ① 선거제도 비례성 · 대표성 강화 ② 연동형 비례대표제 도입 ③ 공천 제도 · 정당 개혁 ④ 국회의원 정수 360명으로 증원 ⑤ 18세 투표권 부여 ⑥ 헌법

73) 2인의 자문위원은 상기 의견에 동의하지 않아 의견 전달에 참여하지 않았다.

개정에대한 논의 본격화 기대 등을 제시하였다.[74)]

선거제도 개혁안을 신속처리안건으로 지정하는 문제가 논의되던 2019. 3.26. 정개특위 자문위원회는 간담회를 열어 정개특위 자문위의 활동을 계속하지 않기로 논의하였고, 이에 정개특위 자문위활동은 마무리되었다.[75)]

소위 논의 경과 보고

5당 대표 합의는 2019년 1월 내 정개특위에서 연동형 비례대표제 도입을 위한 방안을 검토하여 선거제 개편안을 합의처리하기로 하였으나, 1월 말에도 각 당의 안만 제시되었을 뿐 본격적인 협상에 돌입하지 못하였다. 이에 2019년 1월 24일 정개특별위원회 전체회의를 개최하고, 제1소위원장인 김종민의원이 그동안 제1소위에서 논의된 각 당별 선거구제 개편안을 보고하였다.[76)] 이하는 경과 보고에 나타나는 각 당별 선거구제 개편안이다.

더불어민주당은 의원정수 300명을 유지하되, 지역구와 비례대표의 의원정수를 각각 200명과 100명으로 하고, 의석배분 방식은 복합연동형, 준연동형, 보정형의 세가지 방안을 제시하였다. 비례대표는 권역별로 선출하며, 석패율제를 병용하며, 예비선거에 준하는 비례대표 공천제도를 법제화하도록 하였다.

바른미래당 · 민주평화당 · 정의당은 정당득표율에 따라 총 의석을 배분하는 온전한 형태의 연동형 비례대표제를 채택할 것을 제안하였다. 의원정수는 330명으로 증원하고, 지역구와 비례대표의 의원정수를 각각 220명과 110명으로 정하였다. 석패율제 또는 이중등록제 도입을 긍정적으로 검토하며, 비례대표 선출방식을 권역별로 할지 전국단위로 시행할지는 추후 협의과정에서 검토하도록 제의하였다.

---

74) 이에 대한 자세한 사항은 첨부 4-6 참조

75) 자문위활동 경과에 대한 자세한 내용은 정치개혁특별위원회 자문위원회,「20대 국회 2기 정치개혁특별위원회 자문위원회 활동보고(2018.11.19.~2019.3.26.)와 제언」, 2019 참조

76) 2019년 1월 정개특위 소위원회 논의경과 보고의 상세한 내용은 참고 4-5 참조

자유한국당은 특별한 개혁안을 제시하지 않았으며, 정치개혁특별위원회 소위원회에서 논의가 진전되어 일정부분 합의점이 생긴다면 이를 바탕으로 개혁안에 대한 당론을 마련하겠다는 입장을 표명하였다. 이에 덧붙여, 정개특위 자유한국당 간사 장제원 의원은 국회의원 정수 300명으로 동결하고, 인구밀집 대도시를 중심으로 의석수를 줄이는 도농복합 선거구제를 도입하면서, 민주당이 제시한 대안적 연동형 비례대표제를 중심으로 향후의 합의를 도출할 것을 제안하였다. 한편 자유한국당 김재원 의원은 도농복합선거구제는 단순 · 명료하지 않아 채택하면 안된다는 의견을 밝혔다.[77]

이로써 정치개혁소위의 여야 5당간의 선거제 개편 논의는 일시적으로 정지되고, 선거제 개편 논의는 정치개혁특별위원회 간사회의로 옮겨지게 된다.

여야 4당 합의안 발의 및 "패스트트랙" 지정

5당 합의에 따른 선거제 합의 처리 기한인 1월이 모두 지나고 2월에 접어들게 되자, 더불어민주당 · 바른미래당 · 민주평화당 · 정의당 등 여야 4당은 자유한국당에 선거구제 개편안을 제시할 것을 요구하는 한편, 합의가 불가능할 경우 선거구제 개편안을 신속처리안건으로 지정(패스트트랙)할 의사를 표출하기 시작하였다.

자유한국당은 2019년 3월 10일 선거제도 개편안을 발표하였는데, 이는 비례대표제를 폐지하고 지역구 의원수를 일부 늘려 총 의석 270석을 지역구 의석으로만 구성하는 비례대표 제도 자체를 폐지하는 안이다.[78]

이에 여야 4당은 선거구제 개편안 성안에 착수하였고, 여야 4당 합의안이 2019년 4월 24일 「공직선거법 일부개정법률안」(심상정의원 대표발의)로 제출된다. 주요 내용은 국회의원 정수를 300명으로 유지하되, 지역구와 비례대

77) 국회회의록, 제20대 국회(제366회) 정치개혁특별위원회 제8차 전체회의, 2019.1.24. p.3, 6

78) 정유섭의원 대표발의 「공직선거법 일부개정법률안」, 2019. 3. 15. 발의, 의안번호 2019221호

표 간 의석비율을 3:1(225석:75석)로 하고, 국회의원 전체 의석을 각 정당의 득표율을 기준으로 배분하고 각 정당에 배분된 의석수에서 해당 정당이 지역구국회의원선거에서 획득한 당선자 수를 공제한 의석수의 절반을 우선 배분하고 나머지 비례대표 의석은 정당득표율에 따라 배분하는 방식으로 비례대표국회의원을 배분하도록 비례대표 의석배분방식을 개선하며, 비례대표 명부를 권역별로 작성하고, 정당별 열세 지역에서 근소한 차이로 낙선한 지역구 후보자를 비례대표의원으로 선출하는 석패율제를 도입하였다.

해당 개정안은 2019년 4월 30일 정개특위에서 신속처리대상안건으로 지정되었다. 이로써 선거제도 개편은 "특별한 합의가 있어야 이루어지는 것"에서 "특별한 합의가 있지 않는 이상 이루어지는 것"으로 전환되게 되었다.

안건신속처리제도 (패스트트랙)

소위 "패스트트랙"이라고 불리는 안건신속처리제도는 "국회선진화법"이라고 불리는 2012년 국회법 개정과 함께 도입된 제도이다. "국회선진화법"은 국회의장이 위원회에 회부된 안건의 심사기간을 지정한 뒤 심사를 마치지 않은 법안을 본회의에 바로 부의하는 소위 "직권상정"의 요건을 엄격히 제한하였다. 이는 위원회 중심주의 원칙을 존중하기 위한 것이었다.

일반적인 법률안은 법률안 발의(제출)→본회의 보고 및 위원회 회부→위원회 심사→법제사법위원회 체계 · 자구심사→본회의 심의→정부이송 및 공포의 단계를 거친다. 따라서 위원회나 법제사법위원회에서 법률안의 심사가 지연되면 법 제·개정 절차가 진행되지 않는다. 안건신속처리제도는 "직권상정"의 요건이 제한됨에 따라 안건이 위원회에서 장기간 계류되는 것을 막기 위한 제도이다.

신속처리대상 안건은 재적의원 또는 위원회 의원 60% 이상의 찬성이라는 가중다수결에 의하여 지정된다. 지정된 신속처리대상안건은 위원회(180일), 법제사법위원회(90일), 본회의(60일) 별로 지정된 심사기간이 경과하면 자동으로 다음 심사단계로 진행된다. 신속처리안건으로 지정되면 특정 정당이 안건 처리 단계에서 법안 처리를 지연하려고 시도하더라도 정해진 심사기간이 도과하면 다음 단계에서 법안 처리가 계속 될 수 있다.

심상정의원이 대표발의한 「공직선거법 일부개정법률안」은 2019년 4월 30일 정치개혁특별위원회 재적인원 18인중 12명의 찬성으로 신속처리대상안건으로 지정되었다. 위원회 심사기간은 180일 뒤인 2019년 10월 28일까지였으며, 180일을 채우지 않고 심사기간 내인 8월 29일 정개특위에서 의결되었다.

자유한국당 여상규 의원이 위원장을 맡고 있던 법제사법위원회는 90일 뒤인 2019.11.26.까지 체계자구심사를 마쳐야 했으나, 심사를 마치지 못하고 기간이 도과함에 따라 「공직선거법 일부개정법률안」이 11월 27일에 본회의에 부의되었다. 12월 27일 해당 안에 대한 수정안이 본회의에서 의결됨으로써 선거법 개정 절차가 마무리되었다.

권역별 비례대표제와 석패율

심상정의원이 대표발의한 「공직선거법 일부개정법률안」은 비례대표 명부를 권역별로 작성하는 "권역별 비례대표제"와 정당별 열세 지역에서 근소한 차이로 낙선한 지역구 후보자를 비례대표의원으로 선출할 수 있는 "석패율제"를 도입하였다.

개정안은 전국을 6개권역(① 서울, ② 인천 · 경기, ③ 대전 · 충남 · 충북 · 세종 · 강원, ④ 광주 · 전북 · 전남 · 제주, ⑤ 대구 · 경북, ⑥부산 · 울산 · 경남)으로 나누고, 권역별로 명부를 작성하도록 하였다. 다만, 정당별 비례대표 의석은 전국단위 득표율을 기준으로 산출하도록 하였기 때문에, ① 우선 "준연동형" 비례대표제에 따라 전국단위 득표율을 기준으로 정당별 지역구 및 비례대표 의석 수를 산출한뒤, ② 정당별로 산출된 의석을 정당내부에서 "준연동형" 방식으로 권역별로 배분하는 2단계의 구조를 지니게 되었다.

첫번째 단계에서 전국단위 정당별득표율에 따라 각 정당에 준연동형 방식으로 배분된 각 정당의 의석은 정당간의 의석 배분 방식과 유사하게 "준연동형" 방식에 따라 정당 내부에서 권역별 득표율에 따라 권역별로 배분된다.

먼저 정당의 전국 득표에서 각 권역이 차지하는 득표수에 비례하여 권역별로 의석수를 배분하고, 배분된 의석에서 지역구 의석수를 공제한 의석 수의 절반을 권역별 비례대표로 우선 배분한다. 그리고 정당에 할당된 비례대표 의석 중 배분되지 않은 의석은 권역별 득표비율에 따라 배분된다.

이처럼 2단계의 복잡한 의석배분구조를 갖게된 것은 다음과 같은 이유가 있다. 비례대표를 권역별 정당 득표율에 따라 권역단위로 선출하기 위해서는 충분한 비례대표 의석수가 필요하나, 비례대표 의석 절대 수(75석, 권역별 평균 12.5석)의 부족으로 인해 권역별로 나누어 비례대표를 선출하기 어려운 상황이었다. 그러나 각 정당의 취약지역에서도 소속의원을 배출하는 등 지역주의 해소를 위해 권역별 비례대표제의 도입이 필요하다는 의견도 조화시킬 필요가 있었다. 그리하여 정당 간의 의석 수는 전국단위로 배분하여 비례성을 확보하되, 권역별 의석은 확보한 의석의 범위 내에서 정당 내부에서 배분하도록 제도를 설계한 것이다. 특히, 정당 내부의 권역간 비례대표 배분 과정에서 "준연동형"요소를 도입함으로서 정당별 지역구 득표에 약세를 보이는 지역에서 권역별 비례대표 의원이 당선될 수 있도록 하였다.

여기에 "석패율제"까지 도입하여 정당별 취약지역 출마자의 당선기회를 부여하였다. 권역별 비례대표 명부 작성시 2개 이하의 짝수 순번을 "석패율제 적용 순번"으로 정하고, 해당 순번에는 해당 권역의 낙선자 중 석패율이 가장 높은 후보자가 당선되도록 하였다. 석패율은 지역구 선거의 당선자득표수에 대한 낙선자 득표수의 비율로, 가장 아깝게 낙선한 후보자를 판별하는 지표이다. 개정안은 석패율로 지정한 순번에는 해당권역의 모든 후보자를 등재하고, 득표율 최저기준(5%)을 마련하는 경쟁적 요소를 도입함으로서 석패율제가 '중진구제용'이라는 비판을 피해가고자 하였다.

이후의 처리과정

선거구제 개편안이 정개특위에서 신속처리안건으로 지정되자, 자유한국당은 국회를 보이콧하고 장외투쟁을 시작하였다. 정개특위 활동시한인 2019년 6월 30일이 가까워오자, 정개특위는 소위를 개최하여 신속처리안건으로 지정된 선거제도 개편안을 논의하기 시작하였다. 이와 동시에 여야 원내대표는 국회 정상화 합의를 시도하게 된다.

2019년 6월 28일 더불어민주당, 자유한국당, 바른미래당 3당 원내대표 합의 결과 정개특위 활동 기한을 2개월 연장하고, 특위 위원수를 18인에서

19인으로 변경하며, 의원수 비율에 따라 특위 위원수를 재구성하였다. 이에 자유한국당 소속 위원이 한명이 더 보임하게 되었다.

2019년 6월 말부터 여섯 차례(제17차~제22차) 소위를 열게 되는데 이 때의 소위의 심사 방식은 그 이전(제1차~제16차)과 다른 양상을 보인다. 제16차까지 진행된 종전 소위 논의에서는 특정 법안을 상정하지 않고 선거제도 개편을 위한 논의가 이루어졌다. 이와 달리 2019년 6월 말부터 개최된 소위에서는 구체적인 법안을 상정하여 심사가 진행되었다. 6월 25일(제17차), 6월 26일(제18차) 소위에서는 신속처리안건 지정 법안(심상정의원안)이 단독으로 상정되었고, 그 이후 소위(제19차~제22차)에서는 심상정의원안을 비롯해 자유한국당의 입장으로서 비례대표를 폐지하고 총 의석을 지역구 270석으로 구성하는 정유섭의원안, 심상정의원안과는 다른 형태의 연동형 비례제를 도입하려는 박주현의원안, 석패율제 도입이 주 내용인 정운천의원안, 이렇게 총 4건이 상정되고 논의되었다.

2019년 8월 26일 제22차 소위에서 자유한국당에 반발 속에서 4건의 법안을 소위가 아니라 정개특위 전체회의에서 논의하기로 의결하였고, 같은 날 전체회의를 개의할 예정이었으나 4건의 법안에 대해 안건조정위원회 구성요구서가 제출되면서 이 법안들은 안건조정위원회로 회부되었다.[79)80)] 2019년 8월 28일 열린 제2차 안건조정위원회에서 자유한국당의 반대가 있었으나 위 4건의 법률안 중 심상정의원안을 조정안으로 의결하였고, 2019년 8월 29일 정개특위 전체회의에서 심상정의원안이 원안 그대로 의결되었다.

의결된 법안은 법제사법위원회에 체계 · 자구심사 의뢰되었다. 개정안은 신속처리안건으로 지정된 안건이므로 법제사법위원회가 2019년 11월 26일까

---

79) 「국회법」 제57조의2에 따른 안건조정위원회는 "국회선진화법" 제정 시 도입된 제도로서, 이견을 조정할 필요가 있는 안건을 심사하기 위해 위원회 내에 구성되는 회의체이다. 위원회 재적위원 3분의 1 이상의 요구로 안건조정위원회 구성요구서가 제출되면 여기에 포함된 안건은 안건조정위원회로 회부된다. 안건조정위원회는 위원장 1명을 포함한 6명의 조정위원으로 구성되며, 1교섭단체의 수와 1교섭단체에 속하지 않는 조정위원의 수가 같아야 한다(즉, 1교섭단체 3명, 그 밖에 3명).

80) 정개특위 안건조정위원회 구성은 더불어민주당 김종민의원(위원장), 이철희의원, 최인호의원, 자유한국당 장제원의원, 김재원의원, 바른미래당 김성식의원이었다.

지 체계 · 자구 심사를 마치지 않는다면 본회의에 부의될 상황이었다. 법제사법위원회는 심사기간 내에 심사를 마치지 아니하였고, 개정안은 본회의에 부의되었다.[81)]

조정안 도출 및 의결

여야 4+1 협의체[82)]는 선거법 본회의 의결을 앞두고 정개특위에서 의결된 개정안에 대한 조정안 도출을 시도한다. 먼저, 지역구의원 의석수를 재조정한다. 발의안의 경우 지역구를 225석으로 축소하였으나, 호남을 지역기반으로 한 정당 및 의원들의 요구가 받아들여져 지역구 축소 규모를 줄이는데 근접한다. 조정안은 지역구 250석 축소안이 논의되었으나, 최종 논의 단계에서 기존과 동일하게 지역구 253석을 유지하기로 결정하였다.

둘째, 권역별 비례대표제를 도입하지 않기로 하였다. 비례대표 수를 종선과 같은 47석으로 유지함에 따라 권역별로 유의미한 비례대표 수를 확보하기 어려운 점이 고려된 것으로 보인다.

셋째, 석패율제를 도입하지 않기로 하였다. 석패율제 도입이 무산된 것은 석패율제가 탈락한 중진후보를 구제하는 수단으로 활용될 수 있다는 비판과 함께, 군소후보가 경합지역에서 완주할 경우 표 분산으로 인하여 유력주자의 당락 여부에 영향을 미칠 수 있다는 실리적 고려가 원인이었을것으로 생각된다.

넷째, 제21대 국회에 한해서 비례대표 의석 47석중 30석에만 준연동형

---

81) 신속처리안건 지정 법안(심상정의원안, 의안번호 2019985)의 구체적인 위원회 논의 경과에 대해서는 「공직선거법 일부개정법률안 심사보고서」(2019.11. 정치개혁특별위원회) 참조
https://likms.assembly.go.kr/bill/billDetail.do?billId=PRC_S1K9I0W4H2H4C1L0X0E5G0X1P0F0J6(의안정보시스템, 검색일 : 2022.4.8.)

82) 선거제도 논의를 주도한 여야 4당은 더불어민주당, 바른미래당, 민주평화당, 정의당이다. 2019. 7. 16. 민주평화당 소속의 유성엽의원 등 의원 9인이 '변화와 희망의 대안정치연대'를 결성하며 같은 해 8. 8. 탈당을 선언했다. 이들을 중심으로 대안신당 창당이 추진되었고 이들도 선거법 개정에 참여하였는데 언론에서는 여야4당과 이들을 함께 묶어 '4+1 협의체'로 표현하였다.

비례대표제를 도입하고, 나머지 17석은 기존 병립형 방식으로 의석을 배분하도록 특례가 신설되었다.

조정안을 반영한 수정안은 2019년 12월 23일 국회 본회의에 제안되었다.[83] 개정안에 대한 무제한토론(필리버스터)요구가 있었고, 무제한토론은 12월 25일 본회의 산회 때까지 이루어졌다. 무제한토론 과정에서 준연동형 비례대표제에 찬성하는 의견과 반대하는 의견이 다양하게 제시되었다.[84]

2019년 12월 27일 조정안을 반영한 수정안이 국회 본회의를 통과하였고, 2020년 1월 14일 공직선거법 일부개정법률이 공포되었다.

제20대 국회에 제안된 선거제도 개편 관련 안건

제20대 국회는 결과적으로 선거제도 개편을 이끌어낸 국회인 만큼 선거제도 개편 논의가 다른 어떤 국회 때보다 활발하였고 다양한 법률안, 청원이 제안되었다. 주제도 연동형 비례대표제 도입에서 비례대표제 폐지에 이르기까지 다양하였고, 시기적으로도 20대 전반기부터 후반기까지 지속적으로 발의되었다. 여기서는 제20대 국회에 제안된 선거제도 개편 관련 안건을 정리하고자 하는데, 당선결정방식과, 선거구 개편, 의원 정수에 초점을 맞추기로 한다.

앞서 제시한 20대 전반기에 발의된 연동형 비례대표제 도입을 골자로 하는 소병훈의원안, 김상희의원안, 박주민의원안, 박주현의원안, 심상정의원안Ⅰ 외에 심상정의원안Ⅱ(신속처리지정), 청원[85] 5건이 연동형 비례대표제 도입을 주요 내용으로 하였다. 연동형 비례대표제 외에도 석패율제 도입을 핵심으로 하는 윤관석의원안, 정운천의원안, 비례대표제 폐지 및 의석수 축소를 내용으로 한 정유섭의원안, 마찬가지로 의석수를 축소하고 중대선거구제를 도입하려는 김학용의원안, 비례대표 의석확대 등 의석정수 확대를 추진하려는 남인순의원안, 남인순의원 소개 청원 등 다양한 안건이 제안되었다. 종합해 보면 법안 11건, 청원 6건 총 17건의 선거제도 개편 안건이 제20대 국회에 제안되었다.

83) 수정안 원문은 의안정보시스템 참조 https://likms.assembly.go.kr/bill/billDetail.do?billId=PRC_S1K9I0W4H2H4C1L0X0E5G0X1P0F0J6 (검색일 : 2022.4.8.) 에서 '본회의수정안(김관영의원 외 155인 제안)' 참조

84) 무제한토론의 주요 내용은 참고 4-7 참조

연번	안건	제안일 (의안번호)[86]	주요내용
1	소병훈 의원안	2016.7.27. (2001228)	· 연동형 비례대표제 도입 – 권역별(6개) 비례제를 적용하고 중앙선관위안과 가장 유사 – 지역구·비례의석 비율 2:1(총 300석)
2	박주현 의원안	2016.10.24. (2002832)	· 연동형 비례대표제 도입 – 전국단위 비례제 적용, 의원정수를 고정하는 초과의석 제도 도입[87] – 지역구·비례의석 비율 253:63(총 316석)
3	김상희 의원안	2017.2.14. (2005632)	· 연동형 비례대표제 도입 – 소병훈의원안과 전체적으로 유사하나 수도권 외 지역 비례대표 정수를 높게 설정 – 의원정수를 인구 15만명당 1인, 지역구·비례의석 비율 3:1
4	박주민 의원안	2017.2.15. (2005634)	· 연동형 비례대표제 도입 – 소병훈의원안과 유사하되 지역구·비례 중복입후보를 허용하는 점에서 차이 – 의원정수를 인구 14만명당 1인, 지역구·비례의석 비율 2:1
5	심상정 의원안 Ⅰ	2017.12.12. (2010785)	· 연동형 비례대표제 도입 – 전국단위 비례제 적용 – 지역구·비례의석 비율 2:1 (총 360석)
6	심상정 의원안 Ⅱ	2019.4.24. (2019985)	· 준연동형 비례대표제 도입 ※ 신속처리 지정 안건

85) 「국회법」 제123조에 따른 청원에는 의원의 소개를 받아 제출하는 청원(의원소개청원)과 일정 기간 동안 일정한 수 이상의 국민의 동의를 받아 제출하는 청원(국민동의청원)이 있다. 다만, 국민동의청원은 제20대 국회 후반기인 2019년 4월 16일 「국회법」 개정을 통해 도입되었기 때문에 20대에 제출된 대다수 청원은 의원소개청원이다.

86) 의안정보시스템에서 의안번호를 통해 해당 안건의 원문 검색이 가능하다. 법률안은 의안정보시스템 바탕화면에 있는 '의안검색' 창에서 '제안대수'를 제20대로 설정하고 의

연번	안건	제안일 (의안번호)[86]	주요내용
7	천정배 의원 소개 청원Ⅰ	2017.9.13. (2000090)	· 연동형 비례대표제 도입 – 구체적 의석배분방식 미 제시 – 의원정수는 인구 14만명당 또는 15만명당 1인, 지역구·비례의석 비율 2:1
8	김종훈 의원 소개 청원	2017.9.25. (2000101)	
9	천정배 의원 소개 청원Ⅱ	2017.9.25. (2000103)	
10	노회찬 의원 소개 청원	2017.9.26. (2000104)	
11	정춘숙 의원 소개 청원	2017.9.27. (2000107)	
12	김학용 의원안	2017.4.14. (2006759)	· 의원정수 200석으로 축소 · 중대선거구제 도입
13	정유섭 의원안	2019.3.15. (2019221)	· 의원정수 270석으로 축소 · 비례대표제 폐지
14	윤관석 의원안	2017.9.7. (2009140)	· 석패율제 도입
15	정운천 의원안	2019.6.4. (2020809)	· 석패율제 도입

연번	안건	제안일 (의안번호)86)	주요내용
16	남인순 의원안	2017.2.8. (2005490)	· 비례대표 의원정수를 100석으로 확대
17	남인순 의원 외 2인 소개 청원	2017.10.17. (2000110)	· 비례대표 의석 확대, 지역구 비례대표 의석 비율 1:1 조정

안번호에 표에 있는 의안번호를 입력하고 검색 버튼을 누르면 된다. 청원의 경우 ① 바탕화면의 우측 상단의 청원 탭 클릭 → ② 좌측에서 '청원검색' 클릭 → ③ '제안대수'를 제20대로 하고 소관위원회를 행정안전위원회로 설정하여 검색버튼 클릭 → ④ 36건의 청원이 검색되는데 동 청원들 중 위 표에 부합한 청원번호에 맞는 청원을 클릭하여 원문을 확인하면 된다.

87) 박주현의원안에서 각 정당의 의석총수는 해당 정당의 비례대표선거 득표비율에 의석정수를 곱하여 산출된 값으로 결정된다. 그리고 이렇게 정해진 의석총수에서 지역구 의석수를 제외함으로써 비례대표의석이 결정된다. 그런데 지역구의석수가 앞서 산출한 비례대표선거 득표비율에 따른 의석수보다 많을 경우 해당 정당은 그 의석을 그대로 보유한다(박주현의원안에서는 이를 "추가의석"이라고 표현한다). 추가의석이 발생한 경우 추가의석을 보유하지 않은 정당 간 상대득표율을 구하고 비례대표의석 정수에서 추가의석수를 제외한 의석을 추가의석 미보유 정당 간 상대득표율에 따라 배분한다. 이런 방식으로 초과의석을 처리하면 '초과의석은 인정하되 의원정수는 고정'되는 상황이 된다.

제 5 장

우리나라의 준연동형 비례대표제

제 5 장 우리나라의 준연동형 비례대표제[88)]

1. 개 요

2020년 1월 14일 도입된 우리나라의 연동형 비례대표제는 정당의 의석 배분 결정 방식에서 정당득표율에 연동되는 의석 규모가 순수 연동형 비례대표제에 비해 축소되도록 제도적으로 설계되어 있어 통상 '준연동형' 이라고도 불린다. 준연동형 비례대표제는 종전 병립형 선거제도와 달리 법률에서 의석배분 구조가 산식으로 설명되어 있어 산식이 어떤 정치적, 제도적 함의를 갖고 있는지 이해할 필요가 있다. 준연동형 비례대표제 설명에 앞서 종전 선거제도에 대해서도 가볍게 살펴보도록 한다. 또한, 의석배분방식 외에 준연동형 비례대표제 도입시 투표연령 하향 등 다양한 제도적 변화가 있었는데 이에 대해서도 짚고 넘어가고자 한다.

법문으로 제도를 이해하는 것이 낯설고 어렵게 느껴질 수 있으나 의석배분 방식을 가장 정확하게 설명하고 있는 것은 역시 「공직선거법」이다. 그리고 선거관리위원회에서 이 법률에 따라 의석 배분을 계산할 수 있어야 하므로 선거제도를 설명하는 문언 중 가장 실용성을 갖기도 한다. 여기서는 각 주제들을 법률과 함께 살펴본다.

---

88) 개정 선거제도 내용의 상세한 설명은 국회도서관, 앞의 책, pp.41-47에 잘 제시되어 있다. 이 글에서는 의석배분 방식의 설명과 더불어 배분 방식의 정치적, 제도적 의미가 무엇인지 제시하는데 초점을 둔다.

2. 종전 선거제도(병립형 다수대표제)

의석 결정방식에 대한 설명에 앞서 종전 선거법과 개정 선거법에서 모두 등장하는 한 가지 개념에 대한 이해가 필요하다. '봉쇄조항'이 바로 그것인데, 이는 비례대표 의석을 배분받기 위한 최소 조건을 규정하는 조항으로서 이 조건에 해당하지 못하는 정당들은 정당득표를 확보한다고 하여도 의석을 배분받지 못한다. 우리나라는 정당득표율 3% 이상 또는 지역구 의석 5석 이상을 확보한 정당을 '의석할당정당'으로 보아 비례대표 의석을 배분한다. 이 봉쇄조항은 개정되지 않아 종전과 동일하게 유지되고 있다.

> 第189조(비례대표국회의원의석의 배분과 당선인의 결정 · 공고 · 통지) ①중앙선거관리위원회는 비례대표국회의원선거에서 유효투표총수의 100분의 3 이상을 득표하였거나 지역구국회의원총선거에서 5석 이상의 의석을 차지한 각 정당(이하 이 조에서 "의석할당정당"이라 한다)에 대하여 당해 의석할당정당이 비례대표국회의원선거에서 얻은 득표비율에 따라 비례대표국회의원의석을 배분한다.
> ②제1항의 득표비율은 각 의석할당정당의 득표수를 모든 의석할당정당의 득표수의 합계로 나누어 산출한다.
> ③비례대표국회의원의석은 각 의석할당정당의 득표비율에 비례대표국회의원 의석정수(이하 이 조에서 "의석정수"라 한다)를 곱하여 산출된 수의 정수(整數)의 의석을 당해 정당에 먼저 배분하고 잔여의석은 소수점 이하 수가 큰 순으로 각 정당에 1석씩 배분하되, 그 수가 같은 때에는 당해 정당 사이의 추첨에 의한다.
> ④중앙선거관리위원회는 제출된 정당별 비례대표국회의원후보자명부에 기재된 당선인으로 될 순위에 따라 정당에 배분된 비례대표국회의원의 당선인을 결정한다.

병립형 다수대표제에서 비례대표를 결정하는 정당투표는 지역구 의석과 아무런 연계가 되어 있지 않다고 설명한 바 있다. 종전에 병립형 다수대표제를 운영하던 우리나라의 경우 '비례대표국회의원선거에서 얻은 득표비율에 따라' 비례대표 의석을 배분하였다. 이 비율은 $\frac{\text{개별 의석할당정당의 득표수}}{\text{모든 의석할당정당의 득표수 합계}}$ 로 구해지는데 이는 정당득표율을 의미한다.

보다 구체적으로 살펴보면, 제3항에 의석 배분이 보다 상세히 표현되는데 이는 크게 두 가지 단계로 이루어진다.

1단계 : 각 정당의 득표비율(정당득표율)에 비례대표국회의원 의석정수(47석)를 곱하여 산출된 수의 정수를 먼저 각 정당에 배분한다.

2단계 : 각 정당에 배분하고 남은 잔여의석(비례대표국회의원 의석정수－각 정당배분 비례대표 의석수의 합)은 소수점 이하 수가 큰 순으로 각 정당에 1석씩 배분한다.

이렇게 비례대표 의석 배분시 정당별 지역구 의석 획득규모와 독립적으로 비례대표 의석 규모가 결정된다. 오직 정당득표율이 높은지 여부에 따라 비례대표 의석 규모가 결정될 뿐이다.

3. 준연동형 비례대표제 의석결정

제189조(비례대표국회의원의석의 배분과 당선인의 결정 · 공고 · 통지) ① 중앙선거관리위원회는 다음 각 호의 어느 하나에 해당하는 정당(이하 이 조에서 "의석할당정당"이라 한다)에 대하여 비례대표국회의원의석을 배분한다.

1. 임기만료에 따른 비례대표국회의원선거에서 전국 유효투표총수의 100분의 3 이상을 득표한 정당
2. 임기만료에 따른 지역구국회의원선거에서 5 이상의 의석을 차지한 정당

② 비례대표국회의원의석은 다음 각 호에 따라 각 의석할당정당에 배분한다.

1. 각 의석할당정당에 배분할 의석수(이하 이 조에서 "연동배분의석수"라 한다)는 다음 계산식에 따른 값을 소수점 첫째자리에서 반올림하여 산정한다. 이 경우 연동배분의석수가 1보다 작은 경우 연동배분의석수는 0으로 한다.

$$\text{연동배분의석수} = \left[\left(\text{국회의원정수} - \text{의석할당정당이 추천하지 않은 지역구국회의원당선인수} \right) \times \text{해당 정당의 비례대표국회의원선거 득표비율} - \text{해당 정당의 지역구국회의원당선인수} \right] \div 2$$

2. 제1호에 따른 각 정당별 연동배분의석수의 합계가 비례대표국회의원의석정수에 미달할 경우 각 의석할당정당에게 배분할 잔여 의석수(이하 이 조에서 "잔여배분의석수"라 한다)는 다음 계산식에 따라 산정한다. 이 경우 정수(整數)의 의석을 먼저 배정하고 잔여의석은 소수점 이하 수가 큰 순으로 각 의석할당정당에 1석씩 배분하되, 그 수가 같은 때에는 해당 정당 사이의 추첨에 의한다.

잔여배분의석수 = (비례대표국회의원의석정수 – 각 연동배분의석수의 합계)
× 비례대표국회의원선거 득표비율

3. 제1호에 따른 각 정당별 연동배분의석수의 합계가 비례대표국회의원 의석정수를 초과할 경우에는 제1호 및 제2호에도 불구하고 다음 계산식에 따라 산출된 수(이하 이 조에서 “조정의석수”라 한다)를 각 연동배분의석 할당정당의 의석으로 산정한다. 이 경우 산출방식에 관하여는 제2호 후단을 준용한다.

조정의석수 = 비례대표국회의원의석정수 × 연동배분의석수
÷ 각 연동배분의석수의 합계

③ 제2항의 비례대표국회의원선거 득표비율은 각 의석할당정당의 득표수를 모든 의석할당정당의 득표수의 합계로 나누어 산출한다.

종전 선거제도에서 비례대표의석은 오직 비례대표 의석 정수 내에서 정당득표율에 따라 배분되도록 규정되었다. 개정된 선거제도는 국회의원 총 정수 300석에서 정당득표율이 직접 적용되어 이에 비례대표 의석 수 계산에 각 정당이 획득한 지역구 의석수가 고려되고, ‘연동배분의석수’, ‘잔여배분의석수’, ‘조정의석수’라는 개념이 등장한다. 후술할 내용을 요약하여 제시하자면, 우선 각 정당의 전체 의석수(지역구+비례)가 정당득표율에 비례적으로 배분될 수 있도록 비례대표의석을 할당하는데 이렇게 할당하려는 의석의 절반만 각 정당에 배분한다(연동배분의석수). 할당하려는 의석의 절반만 배분되었으므로 비례대표 정수가 다 채워지지 못하는 잔여분이 발생하게 되는데 이는 종전 방식과 같이 잔여분을 정당득표율에 따라 배분한다(잔여배분의석수). 보통은 이렇게 연동배분의석수와 잔여배분의석수의 합으로 정당의 비례대표 의석이 결정된다. 그런데 상황에 따라 연동배분의석수의 합이 비례대표 정수

를 초과할 수도 있다. 이럴 때에는 각 정당의 연동배분의석수의 합이 비례대표 정수가 되도록 비례 축소하여 배분한다(조정의석수).

보다 구체적으로 살펴보자. 우선, 연동배분의석수는 기본적으로 연동형 비례대표제 방식을 적용할 때 각 정당에 배분되는 비례대표 의석을 의미한다.

국회의원정수 - 의석할당정당이 추천하지 않은 지역구 국회의원당선인수 :

의석할당정당은 비례대표 의석을 할당받을 수 있는 자격을 부여받은 정당을 말하며 앞서 제시한 바와 같이 비례대표 선거에서 정당득표율 3% 이상을 얻거나 또는 지역구 의석 5석 이상을 확보함으로써 봉쇄조항을 넘어선 정당을 의미한다. 따라서 의석할당정당이 추천하지 않은 당선인이라 함은 무소속, 혹은 군소정당의 당선인을 말한다고 볼 수 있다. 의석배분의 기초값인 국회의원정수에서 의석할당정당이 추천하지 않은 지역구 의석수를 제외하여 의석할당정당의 전체의석수를 비례대표 의석배분의 기초값으로 삼는 이유는 봉쇄조항을 통해 의석할당정당과 비할당정당의 의석배분을 구분하는 점 때문이다. 전체의석에서 비할당정당의 의석을 제외하고 나머지 의석으로 의석할당정당 간 상대적 득표비중으로 의석배분을 하도록 한 것이다. 「공직선거법」제189조제3항[89]에서 정하고 있는 비례대표의석 할당의 기준이 되는 정당의 비례대표선거 득표비율이 $\frac{\text{해당 정당의 정당득표수}}{\text{모든 정당의 정당득표수}}$가 아니라 $\frac{\text{해당 의석할당정당의 정당득표수}}{\text{모든 의석할당정당의 정당득표수}}$인 것은 이 때문이다. 따라서 비례대표 의석배분의 기초값도 전체의석이 아니라 의석할당정당의 전체의석수를 기준으로 한 것이다.

---

89) 「공직선거법」
제189조(비례대표국회의원의석의 배분과 당선인의 결정 · 공고 · 통지) ③ 제2항의 비례대표국회의원선거 득표비율은 각 의석할당정당의 득표수를 모든 의석할당정당의 득표수의 합계로 나누어 산출한다.

(국회의원정수 - 의석할당정당이 추천하지 않은 지역구 국회의원당선인수) × 해당 정당의 비례대표국회의원선거 득표비율 :

이 값은 비례대표제[90]를 할 경우 해당 정당에게 배분될 의석수를 의미한다. 연동형 비례대표제는 전체 의석 배분에 있어서 비례대표제와 동일한 의석배분을 지향하기 때문에 각 정당에 할당되어야 할 의석을 결정할 때 비례대표제 적용시 배분될 의석을 먼저 구하는 것이다.

(국회의원정수 - 의석할당정당이 추천하지 않은 지역구 국회의원당선인수) × 해당 정당의 비례대표국회의원선거 득표비율 - 해당 정당의 지역구국회의원 당선인 수 :

비례대표제 채택시 배분되었을 의석에서 해당 정당의 지역구 당선인을 빼서 비례대표 의석을 결정하는 것, 즉 지역구 의석수와 비례대표 의석수의 합이 비례대표제 채택시 의석과 동일한 의석을 구현하는 것, 이것이 연동형 비례대표제에서 비례대표의석 결정방식의 핵심이다. 즉, 여기까지만 규정되어 있다면 우리나라의 선거제도는 '준연동형'이 아닌 '연동형'으로 평가될 수 있다. 그렇지만 우리나라의 개정선거제도는 하나의 절차를 더 추가하였다.

[(국회의원정수 - 의석할당정당이 추천하지 않은 지역구 국회의원당선인수) × 해당 정당의 비례대표국회의원선거 득표비율 - 해당 정당의 지역구국회의원 당선인 수] ÷ 2 = 연동배분의석수

90) 세부 주제로서 비례대표 의석배분방식은 크게 나눔수 방식(divisor system), 쿼터 방식(quota system)으로 구분되며, 우리나라는 쿼터 방식 중에서도 헤어 쿼터(Hare quota) 방식을 적용하고 있다. 따라서 보다 정확한 표현은 '헤어 쿼터 방식을 적용하는 비례대표제를 할 경우'라고 볼 수 있으나, 연동형 비례대표제와 비교하여 비례대표제로만 의석을 배분한다는 의미로서 '비례대표제'라는 표현을 사용하였다. 나눔수 방식, 쿼터 방식에 대한 자세한 설명은 안순철(1998), 앞의 책, pp.162-168 참조

준연동형 비례대표제로 불리게 된 첫 번째 핵심요소는 마지막에 2로 나누는 과정이다. 2로 나누기 전의 수치, 즉 순수 연동형 비례대표제에서의 비례대표 의석이 결국 순수 비례대표제와 동일하게 의석배분이 이뤄지도록 하기 위한 수치였다는 점을 감안할 때 이 의석을 절반으로 줄여 배분한다는 것은 이러한 비례성 제고의 효과를 반으로 줄이는 측면이 있다. 이처럼 연동의 효과를 절반으로 감소시켰기 때문에 '준연동형 비례대표제'로 불린다.

다음으로 잔여배분의석수를 알아보자. 순수 연동형 비례대표제를 취했을 때 각 정당에게 돌아갈 비례대표 의석의 절반만 할당한 결과 배분된 연동배분의석 수 총합이 비례대표 의석 정수에 미달하여 비례대표 의석이 모두 배분되지 못하고 일부가 남을 수 있게 된다. 이렇게 남은 의석을 배분하는 절차를 행함으로서 배분된 의석이 잔여배분의석이다.

잔여배분의석의 배분방식은 종전 병립형 다수대표제 방식의 비례대표 의석배분방식과 동일하다. 즉, 배분대상인 의석에 각 정당의 득표비율을 곱한 값을 의석에 할당한다.

잔여배분의석수	= (비례대표국회의원의석정수 − 각 연동배분의석수의 합계)
	× 비례대표국회의원선거 득표비율

지역구 의석을 많이 획득한 거대정당의 경우 연동배분의석을 확보하지 못하더라도 잔여배분의석은 확보할 수 있다. 연동배분의석수의 경우 해당 정당의 지역구 국회의원 당선인수를 제외하여 산출되기 때문에 거대 정당이 많은 수를 확보하기 어려운 반면 잔여배분의석수는 오직 정당득표율만 기준으로 배분되기 때문이다. 연동배분의석수의 상한을 30석으로 정하고(일명 '캡')17석은 잔여배분의석수와 동일하게 배분되도록 특례를 둔 것도 이러한 맥락에서 이해될 수 있다. 특례에 대해서는 전체 의석배분과정을 다루고 별도로 논의하기로 한다. 지금까지 살펴본 연동배분의석수 + 잔여배분의석수

의 의석배분 방식에 대한 사례를 생각해 보면 아래와 같다.

[비례대표 의석수 산정 방법]

「공직선거법」

제189조제2항제1호

연동배분의석수 = [(국회의원 정수 - 의석할당정당이 추천하지 않은 지역구 국회의원 당선인 수) × 해당 정당의 비례대표 국회의원 선거 득표비율 - 해당 정당의 지역구 국회의원 당선인 수] ÷ 2

제189조제2항제2호

잔여배분의석수 = (비례대표 국회의원 의석정수 - 각 연동배분의석수의 합계) × 비례대표 국회의원 선거 득표비율

[예시]

구 분	A당	B당	C당	D당	기타*	합계
지역구 당선인 수	100석	80석	40석	30석	3석	253석
비례대표 선거 득표율	40%	30%	10%	20%	-	100%
연동배분 의석수	9석	5석	0석	15석	-	29석
잔여배분 의석수	7석	5석	2석	4석	-	18석

* '기타'는 무소속 또는 '의석할당정당' 이외 정당 소속의 지역구 국회의원 당선인을 합한 수임

※ A당 연동배분의석수: 9석 = [(300석 - 3석) × 40% - 100석] ÷ 2

(결과 값 소수점 첫째 자리에서 반올림하고 1보다 작으면 0으로 계산함)

※ A당 잔여배분의석수: 7석 = (47석 - 29석) × 40%

(결과 값의 정수대로 먼저 배분하고, 나머지는 소수점 이하 수가 큰 순으로 배분함)

※ 자료: 중앙선거관리위원회 > 통합자료실 > 선거자료 > 선거·정당·정치자금 > 비례대표 의석배분 방식 주요 개정내용. 2020.2.24. 인용: http://www.nec.go.kr
국회도서관, 앞의 책, p. 43에서 재인용

이제 조정의석 개념에 들어가기에 앞서 연동형 비례대표제에 대해 설명할 때 제시한 초과의석을 다시 떠올릴 필요가 있다. 정당득표율에 따른 할당 의석보다 지역구 의석이 많을 경우 그 차이만큼 발생하는 것이 초과의석이었으므로 연동형 비례대표제에서 각 정당들의 정당득표율과 지역구 의석 점유율 간 괴리가 커질수록 초과의석 발생 가능성은 커진다. 또한, 초과의석이 발생하는 만큼 총 의석이 증가하게 된다. 준연동형의 경우 연동율을 낮췄기 때문에 독일식 연동형 비례대표제와 비교할 때 초과의석 발생확률이 낮다.[91] 그러나 비례대표 의석 비중이 낮은 점, 1인2표제에서 지역구는 거대정당을, 비례대표는 군소정당을 투표하는 분할투표가 나타나 거대정당이 정당득표율 대비 지역구 의석을 많이 확보할 가능성이 있는 점을 고려할 때 초과의석이 나타날 수도 있다.[92] 이 경우 정당득표율과 지역구 의석 점유율간 괴리가 커져 연동배분의석수의 합이 47석을 초과하는 것도 가능하다. 그런데 준연동형 제도는 의석 고정을 대원칙으로 하고 있으므로 이런 경우를 대비하여 조정의석 방식을 도입하였다.

---

91) 연동률을 낮추지 않을 때, 즉 연동배분의석 계산식에 2로 나누는 과정이 없을 경우 연동배분의석의 합이 47석을 초과할 가능성이 더 높아진다. 자세한 분석은 제6장 참조

92) 이런 경우의 극단적인 형태가 위성정당 사례라고 볼 수 있다.

[조정의석수 산정 방법]

「공직선거법」

제189조제2항제3호

조정의석수 = 비례대표 국회의원 의석정수 × 연동배분의석수 ÷ 각 연동배분의석수 합계

[예시]

구 분	A당	B당	C당	D당	기타*	합계
연동배분의석수	22석	18석	7석	13석	–	60석
조정의석수	17석	14석	6석	10석	–	47석

*'기타'는 무소속 또는 '의석할당정당' 이외 정당 소속의 지역구 국회의원 당선인을 합한 수임

※ A당의 조정의석수: 17석 = 47석 × 22석 ÷ 60석

(결과 값의 정수대로 먼저 배분하고, 나머지는 소수점 이하 수가 큰 순으로 배분함. 제21대 국회의원 선거 시 비례대표 국회의원 의석정수는 30석이 됨)

※ 자료: 중앙선거관리위원회 > 통합자료실 > 선거자료 > 선거·정당·정치자금 > 비례대표 의석배분 방식 주요 개정내용. 2020.2.24. 인용: http://www.nec.go.kr
국회도서관, 앞의 책, p.45에서 재인용

조정의석은 이번에 도입된 준연동형 선거제 방식에서 초과의석이 발생하지 않도록 하여 총정수를 고정시키는 핵심 장치이다. 연동형 비례대표제 시스템에서 초과의석이 발생 시 각 정당의 비례대표 의석의 합이 비례대표 총정수보다 늘어나게 된다.[93] 우리나라에서도 연동배분의석의 합이 47석을

---

93) 초과의석은 정당득표율에 따른 배분의석을 초과하는 지역구 의석으로 그 규모만큼 총의석을 증가시킨다. 그런데 지역구 의석 수는 고정이고 초과의석이 부여된 정당에게는 비례대표 의석이 배분되지 않으므로, 증가된 의석은 다른 정당의 비례대표 의석으로 나타난다. 김종갑(2013)은 초과의석의 개념이 혼동을 초래하는 이유로 초과의석으로 나타나는 현상과 실체가 다르다는 점을 언급하면서 초과의석은 초과의석이 발생한 정당에게는 '잉여분의 지역구의석'이지만 실제로는 다른 정당에서 비례의석이 증가하는 현상으로 나타난다고 제시하였다. 김종갑, 「2013년 독일 연방하원 선거제도의 개정내용 및 특징」, 『현안보고서』 vol.225, 2013, p.5

초과할 경우 이를 초과의석으로 인정하는 제도적 선택이 가능하나, 비례의석을 47석으로, 총 의석을 300석으로 고정해야 한다는 대원칙을 준수하기 위해 연동배분의석수의 합이 47석을 초과할 경우 47석을 정당별 연동배분의석수의 비율대로 배분함으로써 의석정수를 고정하였다.

4. 제21대 국회의원선거 특례

앞서 살펴본 내용은 개정된 준연동형 비례대표제를 알아본 것이다. 그런데 실제 제21대 국회의원선거에서 비례대표 의석배분은 위 내용에서 한 가지 조건이 추가되었다. 그것이 바로 준연동형 방식을 적용하는 비례대표 의석에 상한(30석)을 두는, 일명 '캡(cap)'으로 불리는 방식이다. 준연동형 방식이 일정 수준 이상으로 적용되지 않도록 모자를 씌운다는 느낌으로 언론 등에서 쓰이던 표현인데 이 내용을 잘 반영하고 있다고 생각된다.

참고로 제21대 국회의원선거에만 적용되도록 한 캡은 「공직선거법」개정 시 부칙의 일종인 특례로 규정되었다. 부칙이란 개정 법률이 목적으로 하는 실질적인 규율 내용(본칙)에 부수하여 규율할 필요가 있는 법률의 시행일, 특례, 경과조치 등을 총칭하는 것이며, 특례란 한정된 기간 또는 한정된 대상 등에 대하여 예외적으로 본칙의 내용과 다른 제도를 도입하여 운용하는 것을 말한다.[94]

법률 제16864호 공직선거법 일부개정법률 부칙

제4조(비례대표국회의원의석의 배분에 관한 특례) ① 2020년 4월 15일 실시하는 비례대표국회의원선거에서는 제189조제2항의 개정규정에도 불구하고 비례대표국회의원 의석정수를 다음 각 호에 따라 의석할당정당에 배분한다.

1. 30석

가. 다음 계산식에 따른 값을 소수점 첫째자리에서 반올림하여 연동배분의 석수를 산정하되, 연동배분의석수가 1보다 작은 경우 연동배분의석수는 0으로 한다.

94) 국회 법제실, 『법제이론과 실제』, 2019, p.110,731 참조

연동배분 의석수	= [(국회의원정수 - 의석할당정당이 추천하지 않은 지역구 국회의원당선인수)
	× 해당 정당의 비례대표국회의원선거 득표비율
	- 해당 정당의 지역구국회의원당선인수] ÷ 2

나. 가목에 따른 각 정당별 연동배분의석수의 합계가 30석에 미달할 경우 각 의석할당정당에 배분할 잔여의석수(이하 이 조에서 "잔여배분의석수"라 한다)는 다음 계산식에 따라 산정한다. 이 경우 정수(整數)의 의석을 먼저 배정하고 잔여의석은 소수점 이하 수가 큰 순으로 각 의석할당정당에 1석씩 배분하되, 그 수가 같은 때에는 해당 정당 사이의 추첨에 따른다.

잔여배분의석수	= (30 - 각 연동배분의석수의 합계)
	× 비례대표국회의원선거 득표비율

다. 가목에 따른 각 정당별 연동배분의석수의 합계가 30석을 초과할 경우에는 가목 및 나목에도 불구하고 다음 계산식에 따라 산출된 수(이하 이 조에서 "조정의석수"라 한다)를 각 연동배분의석 할당정당의 의석으로 산정한다. 이 경우 산출방식에 관하여는 나목 후단을 준용한다.

조정의석수	= 30 × 연동배분의석수
	÷ 각 연동배분의석수의 합계

2. 비례대표국회의원 의석정수에서 30석을 뺀 수: 각 의석할당정당의 비례대표국회의원선거 득표비율에 비례대표국회의원 의석정수에서 30석을 뺀 수를 곱하여 산출된 수의 정수(整數)의 의석을 해당 정당에 먼저 배분하

> 고 잔여의석은 소수점 이하 수가 큰 순으로 각 정당에 1석씩 배분하되, 그 수가 같은 때에는 해당 정당 사이의 추첨에 따른다.
>
> ② 2020년 4월 15일 실시하는 비례대표국회의원선거에서 제189조제6항, 제194조제4항, 제197조제7항의 개정규정에 따라 의석을 배분하는 경우에는 제189조제1항부터 제3항까지의 개정규정에도 불구하고 제1항에 따라 비례대표국회의원의석을 배분한다.

특례 조항이 상당히 길게 규정되었지만 앞서 설명한 준연동형 방식의 의석배분과정을 잘 이해하였다면 크게 어렵지 않다. 가장 핵심적인 것은 비례대표 의석 배분을 제1호(30석), 제2호(비례대표국회의원 의석정수에서 30석을 뺀 수, 즉 47석－30석＝17석) 이렇게 두 개의 호로 나누어 의석결정방식을 구분한 것이다. 앞서 살펴본 연동배분의석수, 잔여배분의석수, 조정의석수는 모두 제1호에 규정되어 있으며, 제2호는 종전 병립형 방식과 마찬가지로 정당득표율에 따라 배분하는 방식으로 규정되어 있다.

이 내용은 준연동형 방식을 적용하는 비례대표의석을 30석으로 제한하는 것이 취지이며, 반대로 보면 적어도 17석의 의석은 병립형 방식의 비례대표 의석 배분을 하려는 것이다. 앞서 준연동형에서 잔여배분의석수를 설명할 때 지역구 의석을 많이 확보하는 정당에 유리한 의석배분방식이라고 제시한 바 있다. 비례대표 의석 산출시 지역구 의석을 제외하는 부분이 없기 때문이었다. 이 캡 방식은 결국 17석 이상의 잔여배분의석을 확보하려는 것으로 이해될 수 있으며, 지역구를 아무리 많이 확보한 정당이라도 최소 17석에 대해서는 정당득표율에 따라 비례대표 의석을 할당받을 수 있게 된다.

5. 의석배분방식 외 선거제도 개편 사항

준연동형 비례대표제 도입 시 의석배분 방식 외에도 굵직한 변화들이 많이 있었다. 대표적인 것이 투표권 연령을 19세에서 18세로 하향한 것과 비례대표 후보 추천절차를 당헌･당규에 명시하고 이에 따라 후보가 추천되었음을 선관위에 증명하도록 한 부분이다.

> 第15조(선거권) ① **18세 이상**의 국민은 대통령 및 국회의원의 선거권이 있다. 다만, 지역구국회의원의 선거권은 18세 이상의 국민으로서 제37조제1항에 따른 선거인명부작성기준일 현재 다음 각 호의 어느 하나에 해당하는 사람에 한하여 인정된다.
> (각 호 생략)
> ② **18세 이상**으로서 제37조제1항에 따른 선거인명부작성기준일 현재 다음 각 호의 어느 하나에 해당하는 사람은 그 구역에서 선거하는 지방자치단체의 의회의원 및 장의 선거권이 있다.
> (각 호 생략)

투표권 연령은 「공직선거법」제15조(선거권)에서 규율하고 있다. 선거권 연령은 지속적으로 하향하는 추세를 보이는데 다른 민주주의 국가와 비교할 때 19세가 높은 측면은 있다. 선거권 연령하향은 피선거권 연령 제한, 정당가입 연령 제한에도 영향을 미쳐 이후 「공직선거법」, 「정당법」 개정을 이끄는 요인이 된 것으로 보인다.[95] 다만, 선거권 연령이 18세 이상으로 규정되면서 일부 고등학생에 대해서도 투표권이 보장되어 투표 및 정치교육에 대한 이슈가 국회의원 선거를 앞두고 불거지기도 하였다.[96]

---

95) 2022.1.18. 「공직선거법」 개정(법률 제18790호)으로 국회의원, 지자체장, 지방의회의원 선거의 피선거권이 25세에서 18세로 하향되었다. 또한, 2022.1.21. 「정당법」 개정(법률 제18792호)으로 정당 가입 연령은 18세(국회의원선거권자)에서 16세로 하향되었다.

96) 연합뉴스, 「선관위, 학교모의선거 재차 불허…"가상 정당·후보자이면 가능"」, 2020.2.23. 한겨레, 「서울교육청 '모의선거 교육' 끝내 무산」, 2020.3.10. 등

> 제47조(정당의 후보자추천) ①정당은 선거에 있어 선거구별로 선거할 정수 범위안에서 그 소속당원을 후보자(이하 "政黨推薦候補者"라 한다)로 추천할 수 있다. 다만, 비례대표자치구·시·군의원의 경우에는 그 정수 범위를 초과하여 추천할 수 있다.
> ② 정당이 제1항에 따라 후보자를 추천하는 때에는 당헌 또는 당규로 정한 민주적인 절차에 따라야 하며, 비례대표국회의원선거의 후보자를 추천하는 경우에는 다음 각 호의 절차를 따라야 한다.
> 1. 정당은 민주적 심사절차를 거쳐 대의원·당원 등으로 구성된 선거인단의 민주적 투표절차에 따라 추천할 후보자를 결정한다.
> 2. 정당은 제1호에 따른 비례대표국회의원선거의 후보자 추천절차의 구체적인 사항을 당헌·당규 및 그 밖의 내부규약 등으로 정한다. 이 경우 정당은 선거일 전 1년(선거일 전 1년 후에 창당·합당한 정당의 경우에는 「정당법」 제4조제1항·제19조제2항에 따라 창당·합당이 성립한 날부터 1개월)까지 비례대표국회의원선거의 후보자 추천절차의 구체적인 사항을 중앙선거관리위원회에 서면으로 제출하고, 중앙선거관리위원회는 정당별로 후보자 추천절차의 제출여부와 내용을 홈페이지에 게시하여야 한다.
> 3. 정당은 제49조에 따라 후보자등록을 하는 때에 비례대표국회의원선거의 후보자 추천과정을 기록한 회의록 등 제1호 및 제2호 전단에 따라 후보자가 추천되었음을 증명할 수 있는 자료를 후보자명부에 첨부하여야 한다.

준연동형 비례대표제 도입 당시 비례대표 후보추천절차에 대한 세부 사항이 포함되었다. 핵심은 제2항 각 호(제1호~제3호)에 규율되어 있는데, 대의원、당원 등으로 구성된 선거인단의 민주적 투표절차에 따라 후보자를 결정한다는 점, 이 절차를 당헌、당규 등으로 정하고 이를 선관위에 제출하며 그 내용을 공개한다는 점, 정당이 후보자등록시 당시 당헌、당규에 따라 후보자를 추천하였음을 증빙해야 한다는 점, 당헌、당규에 따른 절차를 위반한 경우 후보등록을 무효로 한다는 점이다. 개정 이전에는 '민주적인 절차에 따라야 한다'는 선언적 규정만이 있을 뿐 정당에 후보자 추천과 관련한 구체적인 절차를 규율하지는 않았던 것과는 차이가 있다.

이 조항은 과거 병립형 방식보다 비교적으로 비례대표제 성격이 강한 준연동형 비례대표제를 도입함에 따라 비례대표 후보 추천절차 또한 투명하게 이뤄질 수 있도록 하려는 취지에서 도입된 것이다. 다만, 2020. 12. 29. 정당의 자율성을 제약한다는 측면에서 다시 종전과 같은 자율부여 방식으로 재(再)개정되었다.

제 6 장 시뮬레이션을 통한 제도별 효과분석

제 6 장 시뮬레이션을 통한 제도별 효과분석

1. 분석 방법

제도별 시뮬레이션을 통한 효과분석

연동형 비례대표제 도입 논의는 정당투표 결과 나타난 정당의 득표율과 의석 점유율의 괴리를 축소하고자 하는 취지로 시작되었다. 이를 달성하기 위해 가장 적합한 선거제도는 득표비율에 따라 총 의석을 배분하는 100% 비례대표제이다. 그러나 지역 대표의 필요성, 기존 지역구 국회의원에 대한 제도 수용성 등을 위해 연동형 비례대표제가 제안되었다. 연동형 비례대표제를 도입함에도 초과의석 등의 문제로 연동률을 50%로 축소한 "준연동형 비례대표제"가 제안되었으며, 총의석 수를 안정화하기 위한 조정의석 조항, 연동형 "캡"등 다양한 요소가 제도설계에 반영되었다.

이처럼 제도를 구성하고 있는 각 요소는 실제 의석배분에 영향을 미쳤고, 제도 설계 시 상정하지 않았던 "위성정당"의 창당 또한 의석배분에 큰 영향을 미쳤다. 이하에서는 순수한 비례대표제를 기준으로 제21대 국회의원 선거제도에 포함된 각 요소가 의석배분과 비례성에 어떠한 영향을 미쳤는지 분석하고자 한다.

분석 방법은 제도 변화에 따른 투표자의 행동변화는 고려하지 않은 정태적 방법을 사용하였다. 즉, 각 정당에 대한 투표수와 지역구 당선자 수의 비율은 달라지지 않는다고 가정하는 것을 기본으로 하였다. 이를 바탕으로 순수 비례대표제에서 제21대 국회의원 선출에 적용된 선거제도로 단계적으로 변화시키면서 각 제도의 도입인 비례성을 증감에 어떠한 영향을 미치는지 분석해 보았다. 비례성에 대한 측정은 정당득표율과 의석점유율 간 격차

를 절대값으로 변환시켜 합산한 값을 활용하였다.97)

참고로 준연동형 비례대표제의 제도적 효과에 대한 시뮬레이션 분석 연구가 이루어진 바 있다. 김종갑·허석재(2020)는 가상의 모형을 설정하여 연동형과 병립형의 특성을 모두 보이는 준연동형 비례대표제의 효과 및 위성정당 설립 효과를 제시하였다.98) 홍은주·박영환·정준표(2021)는 심상정의원안과 수정안(현재 제도)을 중심으로 7개의 모델을 설정하여 위성정당 설립, 특례(30석 캡) 적용 여부의 효과를 비교한 연구결과를 제시한 바 있다.99)

2. 분석 결과

지역구 0석, 비례대표 300석+전국단위 비례대표제

제21대 선거결과 중 지역구 무소속 당선자는 5석을 제외한 295석이 모두 비례대표 의석임을 가정하고, 득표수 총합에서 각 정당이 차지하는 비율(이하 득표율)을 기준으로 정당간에 의석을 배분하였다. 공직선거법에 따라 3%이상을 득표하여 비례대표 의석할당 대상이 되는 의석할당정당은 미래한

---

97) 이 방식은 앞서 제시한 갤러거(Gallagher)의 불비례성지수(LSq: least-squares index, 최소제곱지수라고도 함)와 유사한 방식이다. 갤러거의 불비례성지수는 정당득표율과 의석률간 차이를 제곱함으로써 수치를 절대화(양수값으로 전환)하고 있는데, 이 글에서의 분석은 제곱하는 것 없이 단순히 정당득표율과 의석률 간 차이를 절대값화 한 후 합산한다. 수치의 규모에서는 차이가 있을 수 있으나 서수성(序數性) 측면에서는 차이가 없다.

$$LSq = \sqrt{\frac{1}{2}\sum(v_i - s_i)^2}$$: 여기서 $(v_i - s_i)$는 i 정당의 득표율(v_i)과 의석률(s_i)차이

98) 김종갑, 허석재,「국회의원 선거제도 개편논의와 대안의 모색」,『입법·정책보고서』 제54호, 2020, pp.40-45

99) 홍은주, 박영환, 정준표,「한국에서 연동형 비례대표제의 적용과 한계:21대 국회의원선거의 시뮬레이션 분석」,『현대정치연구』, 제14권 제1호, pp.6-46, 2021 참조

국당, 더불어시민당, 정의당, 국민의당, 열린민주당 5개의 당이다.

각 의석할당정당의 득표율은 미래한국당 38.0%, 더불어시민당 37.4%, 정의당 10.9%, 국민의당 7.6%, 열린민주당 6.1%이다. 비율에 따라 미래한국당 112석, 더불어시민당 110석, 정의당 32석, 국민의당 22석, 열린민주당 18석이 배분된다. 배분결과 각 정당이 전체의석 295석에서 차지하는 의석의 비중은 미래한국당 38.0%, 더불어시민당 37.3%, 정의당 10.8%, 국민의당 7.8%, 열린민주당 6.1%로 나타나며, 의석점유율과 득표율간의 오차합은 0.4%p로 나타난다. 의석은 소숫점 단위로 분해할 수 없기 때문에 정수이외의 소수점 부분이 큰 순서로 의석을 배분하는 최대잔여법을 택하게 되며, 이 오차는 주로 이 부분에서 기인한다.

[비례대표제(100%) 의석배분에 따른 불비례성 산출]

구 분	미래 한국당	더불어 시민당	정의당	국민의당	열린 민주당	계
득표수(만표)	944	931	270	190	151	2,486
득표율	38.0%	37.4%	10.9%	7.6%	6.1%	1
의석배분	112	110	32	23	18	295
의석점유율	38.0%	37.3%	10.8%	7.8%	6.1%	100.0%
득표율과의 오차	0.0%p	0.2%p	0.0%p	0.2%p	0.0%p	0.4%p

지역구 200석, 비례대표 100석+권역별+연동형 비례대표제

2015년 중앙선거관리위원회는 전국을 6개의 권역으로 나누고, 지역구 의석수를 200석으로, 비례대표 의석을 100석으로 개편하는 권역별 · 연동형 비례대표제를 제안하였다. 따라서 중앙선관위가 제안한 바와 유사하게 전국을 6개 권역으로 나눈 다음, 제21대 선거구 획정결과에 따른 지역구 의석수에 비례하여 권역별로 지역구 의석수 200석을 배분하고, 이에 비례하게 권역별로 비례대표 의석수를 배분하여 이를 바탕으로 시뮬레이션을 진행하였다.

여기에서 "더불어시민당"이 얻은 정당득표는 "더불어민주당"이 획득한 득표로 간주하였으며, "미래한국당"이 얻은 정당득표는 "미래통합당"이 얻은 정당득표로 간주하였다.[100] 각 정당이 권역별로 얻은 지역구 당선인 수는 21대 선거결과를 바탕으로 추정하였다.

[시뮬레이션을 위한 권역별 지역구 · 비례대표 의석수 및 지역구 당선인 수 가정]

구 분	지역구	정당별 지역구 당선인 수				비례대표
		더불어 민주당	미래 통합당	정의당	무소속	
합계	200	129	65	1	5	100
1권역 (서울)	39	33	6	0	0	19
2권역 (부산·울산·경남)	31	5	25	0	1	16
3권역 (대구·경북)	20	0	19	0	1	10
4권역 (경기·인천)	57	49	6	1	1	29
5권역 (호남)	22	21	0	0	1	11
6권역 (충청·강원)	31	21	9	0	1	15

추정 결과, 제21대 국회의원선거가 지역구 200석, 비례대표 100석의 권역별 비례대표제로 치러졌다면 더불어민주당은 143석, 미래통합당은 115석, 정의당은 32석, 국민의당은 23석, 열린민주당은 18석을 획득할 것으로 추정되었다. 총 의석은 336석으로 36석의 초과의석이 발생하게 된다. 이는 1권역

100) 본 가정은 2. 분석 결과내 모든 시뮬레이션에 동일하게 적용한다.

(서울) 및 4권역(경인)에서 더불어 민주당이 득표율에 비해 많은 지역구 의석을 획득하고, 2권역(부울경)에서 미래통합당이 득표율에 비해 많은 지역구 의석을 획득한데서 기인한다.

[지역구 200석, 비례대표 100석 권역별·연동형 비례대표제 의석배분 결과]

권 역	선거 유형	더불어 민주당 (더불어 시민당)	미래 통합당 (미래 한국당)	정의당	국민 의당	열린 민주당	무소속	계
1권역 (서울)	지역구	33	6	0	0	0	0	39
	비례대표	0	15	6	5	4	0	30
	합계	33	21	6	5	4	0	69
2권역 (부산·울산·경남)	지역구	5	25	0	0	0	1	31
	비례대표	9	0	5	3	2	0	19
	합계	14	25	5	3	2	1	50
3권역 (대구·경북)	지역구	0	19	0	0	0	1	20
	비례대표	5	0	2	3	1	0	11
	합계	5	19	2	3	1	1	31
4권역 (경기·인천)	지역구	49	6	1	0	0	1	57
	비례대표	0	24	9	7	5	0	45
	합계	49	30	10	7	5	1	102
5권역 (호남)	지역구	21	0	0	0	0	1	22
	비례대표	0	2	4	2	3	0	11
	합계	21	2	4	2	3	1	33
6권역 (충청·강원)	지역구	21	9	0	0	0	1	31
	비례대표	0	9	5	3	3	0	20
	합계	21	18	5	3	3	1	51

종합	지역구	129	65	1	0	0	5	200
	비례대표	14	50	31	23	18	0	136
	합계	143	115	32	23	18	5	336

이와 같은 초과의석의 발생으로 인하여 연동형 비례대표제의 시행에도 불구하고 완전한 비례대표제 시행에 비해 불비례성이 조금 더 심화되는 결과가 나타나게 된다. 각 정당별로 발생한 의석점유율과 득표율간 오차의 절대값을 합하면 11.5%p로 상승하는 것을 확인할 수 있다.

[지역구 200석, 비례대표 100석 권역별 · 연동형 비례대표제 의석배분에 따른 불비례성 산출]

구 분	더불어 시민당	미래 한국당	정의당	국민의당	열린 민주당	계
득표수 (만표)	931	944	270	190	151	249
득표율	37.4%	38.0%	10.9%	7.6%	6.1%	100.0%
의석배분	143	115	32	23	18	331
의석점유율	43.2%	34.7%	9.7%	6.9%	5.4%	100.0%
득표율과의 오차	5.8%p	3.2%p	1.2%p	0.7%p	0.6%p	11.5%p

지역구 200석, 비례대표 100석+전국단위+연동형 비례대표제

중앙선거관리위원회나 정개특위 의결안과 달리 최종 선거제도 합의안은 권역별 비례대표제를 포기하고 종전과 같이 전국단위별로 명부를 작성하도록 하였다.

지역구 200석, 비례대표 100석의 비율을 그대로 유지한 대로 21대 선거결과를 바탕으로 선거결과를 시뮬레이션 해보았다. 제21대 국회의원 실제 선거결과에서 발생한 지역구 의석의 정당별 점유율에 따라 200석을 재배분하여 이를 바탕으로 시뮬레이션 하였다. 그 결과 더불어민주당(더불어시민당)이 129석, 미래통합당(미래한국당)이 112석, 정의당이 32석, 국민의당이 23석, 열린민주당이 18석, 무소속이 4석으로, 18석의 초과의석이 발생하여 총 의석은 318석이 된다

[지역구 200석, 비례대표 100석 전국단위 · 연동형 비례대표제 의석배분 결과]

구 분	더불어민주당(더불어시민당)	미래통합당(미래한국당)	정의당	국민의당	열린민주당	무소속	계
지역구(200기준 최종)	129	66	1	0	0	4	200
비례대표배정	0	46	31	23	18	–	118
최종의석배정	129	112	32	23	18	4	318

권역별 비례대표제에 비해 전국단위별 비례대표제에서는 보다 더 완전한 비례대표제에 근접한 의석비율이 나타난다. 이는 각 권역에서 발생하는 과대표성이 권역간에 상쇄됨으로서 발생하는 것으로 보인다. 각 정당별로 발생한 의석점유율과 득표율간 편차의 절대값을 합하면 7.3%p로 권역별 비례대표제에서의 11.5%p에 비해 완화되는 것을 확인할 수 있다.

[지역구 200석, 비례대표 100석 전국단위 · 연동형 비례대표제 의석배분에 따른 불비례성 산출]

구 분	더불어민주당(더불어시민당)	미래통합당(미래한국당)	정의당	국민의당	열린민주당	계
득표수(만표)	931	944	270	190	151	249
득표율	37.4%	38.0%	10.9%	7.6%	6.1%	100.0%
의석배분	129	112	32	23	18	314
의석점유율	41.1%	35.7%	10.2%	7.3%	5.7%	100.0%
득표율과의 오차	3.6%p	2.3%p	0.7%p	0.3%p	0.4%p	7.3%p

지역구 253석 비례대표 47석+전국단위+연동형 비례대표제

그렇다면 지역구 253석, 비례대표 47석을 유지한 상태에서 연동형 비례대표제를 유지한 결과를 살펴보겠다. 정치개혁특별위원회는 지역구 225석, 비례대표 의석을 75석으로 규정하여 비례대표 비율을 3:1로 변경하는 안을 채택하였으나, 입법과정에서 지역구가 줄어들게 되는 문제를 극복하지 못하여 현행과 같이 지역구 253석 및 비례대표 47석을 유지하도록 설계되었다.

시뮬레이션 결과, 더불어민주당이 163석, 미래통합당이 112석, 정의당이 32석, 국민의당이 23석, 열린민주당이 18석을 획득하는 것으로 나타났다. 더불어 민주당은 초과의석이 발생하여 비례대표 의석을 1석도 획득하지 못하였다.

[지역구 253석, 비례대표 47석 전국단위 · 연동형 비례대표제 의석배분 결과]

구 분	더불어민주당(더불어시민당)	미래통합당(미래한국당)	정의당	국민의당	열린민주당	무소속	계
지역구	163	84	1	0	0	5	253
비례대표배정	0	28	31	23	18	–	100
합계	163	112	32	23	18	5	353

비례대표의석이 축소되고 지역구 의석이 확대됨에 따라 초과의석의 규모가 늘어나고, 이에 따라 비례성이 더 악화되는 것으로 나타난다. 비례대표의석의 비중이 너무 작기 때문에 47석의 비례대표 의석만으로는 득표율에 상응하는 의석을 배분할 수 없기 때문이다. 초과의석이 발생한 정당은 득표율보다 높은 의석수를 배정받게 되고, 이는 불비례성을 높이도록 작용한다. 각 정당에서 발생한 득표율과 의석점유율간의 오차의 합은 18.8%p로 비례성이 크게 악화되는 것으로 나타난다.

[지역구 253석, 비례대표 47석 전국단위 · 연동형 비례대표제 의석배분에 따른 불비례성 산출]

구 분	더불어민주당(더불어시민당)	미래통합당(미래한국당)	정의당	국민의당	열린민주당	계
득표수(만표)	931	944	270	190	151	249
득표율	37.4%	38.0%	10.9%	7.6%	6.1%	100.0%
의석배분	163	112	32	23	18	348
의석점유율	46.8%	32.2%	9.2%	6.6%	5.2%	100.0%
득표율과의 오차	9.4%p	5.8%p	1.7%p	1.0%p	0.9%p	18.8%p

지역구 253석+비례대표 47석+전국단위+준연동형 비례대표제(조정의석 미도입)

충분한 규모의 비례대표의석을 확보하지 않은 상태에서 연동형 비례대표제를 도입하게 되면 초과의석이 많이 발생함을 시뮬레이션을 통하여 확인할 수 있었다. 또한 지역구에서 많은 득표를 한 거대정당의 경우 비례대표의석을 단 1석도 확보하지 못하게되는 상황이 발생함이 확인된다.

이러한 배경 하에 정당득표율 만큼의 비례대표의석을 배분하지 않고 일정비율로 제한하는 대안이 제시되게 되었고, 그 중 득표율에 따른 의석과 이미 확보한 지역구 의석의 괴리를 모두 메우는 것이 아니라 절반만 배정하는 "준연동형 비례대표제"가 제안되게 된다.

시뮬레이션 결과, 더불어민주당이 163석, 미래통합당이 98석, 정의당이 17석, 국민의당이 11석, 열린민주당이 9석을 획득하는 것으로 나타났다. 이 중 비례대표 의석은 미래통합당이 14석, 정의당이 16석, 국민의당 11석, 열린민주당이 9석을 차지하여 비례대표의석 정수 47석을 3석 초과한 총 50석이 배분되게 된다. 준연동형 비례대표제의 설계에 따르면 정당득표율에 따라 비례대표의석을 배분하고 남은 의석이 있을 경우 정당득표율에 따라 배분하도록 하고 있으나, 위와 마찬가지로 더불어 민주당은 초과의석이 발생하여 비례대표 의석을 1석도 획득하지 못하였다.

[지역구 253석, 비례대표 47석 전국단위 · 준연동형 비례대표제 의석배분 결과: 조정의석 미도입]

구 분	더불어민주당 (더불어시민당)	미래통합당 (미래한국당)	정의당	국민의당	열린민주당	무소속	계
지역구	163	84	1	0	0	5	253
비례대표	0	14	16	11	9	–	50
합계	163	98	17	11	9	5	303

준연동형 비례대표에 적용에 따라 각 의석에 배분하는 비례대표 의석이 절반으로 축소되어 일반적인 연동형 비례대표제에 비하여 비례성이 약화되는 결과가 나오게 되었다. 각 정당의 정당득표율에 상응하는 비례의석을 모두 배정하는 것이 아니라 일부만 배정하기 때문이다. 각 정당에서 발생하는 득표율과 의석점유율간 차이의 합은 34.5%p로 나타난다.

[지역구 253석, 비례대표 47석 전국단위 · 준연동형 비례대표제 의석배분 불비례성 산출 : 조정의석 미도입]

구 분	더불어 민주당 (더불어 시민당)	미래 통합당 (미래 한국당)	정의당	국민 의당	열린 민주당	계
득표수(만표)	931	944	270	190	151	249
득표율	37.4%	38.0%	10.9%	7.6%	6.1%	100.0%
의석배분	163	98	17	11	9	298
의석점유율	54.7%	32.9%	5.7%	3.7%	3.0%	100.0%
득표율과의 오차	17.3%p	5.1%p	5.1%p	3.9%p	3.1%p	34.5%p

지역구 253석+비례대표 47석+전국단위+준연동형 비례대표제 (조정의석 도입)

연동형 비례대표 도입에 대한 주요 반대논거중의 하나는 초과의석의 발생으로 인해 총 의석수가 증가한다는 점이었다. 충분한 수의 비례대표 의석을 확보하지 않은 상태에서 연동형 비례대표제를 도입하는 것은 초과의석의 발생 규모를 높이는 쪽으로 작용하였다. 이러한 상황에서 연동형으로 배분되는 의석을 절반으로 축소하여 배분하는 것은 초과의석의 발생 확률을 상당히 낮출 것으로 기대되었다. 이뿐만 아니라, 초과의석의 발생을 원천적으로 봉쇄하기 위하여 정당득표율에 연동하여 배분할 의석이 비례대표 의석 정수를 초과할 경우 정당별 동일비율로 축소하여 비례대표 의석수 총합을 비례대표 의석 정수와 일치하도록 조정하는 '조정의석' 조항을 삽입하였다.

위의 준연동형 비례대표제 도입 시뮬레이션 결과에 조정의석 조항만 새로 도입하게되면, 총 50석인 비례대표 의석 수는 비례대표의원정수와 동일한 47석으로 축소되며, 그 결과 더불어민주당은 0석, 미래통합당은 13석, 정의당은 15석, 국민의당은 10석, 열린민주당에는 9석이 배정된다.

[지역구 253석, 비례대표 47석 전국단위 · 준연동형 비례대표제 의석배분 결과: 조정의석 도입]

구 분	더불어 민주당 (더불어 시민당)	미래 통합당 (미래 한국당)	정의당	국민 의당	열린 민주당	무소속	계
지역구	163	84	1	0	0	5	253
축소결과	0	13	15	10	9	–	47
합계	163	97	16	10	9	5	300

조정의석 조항은 비례대표의 비중을 축소하고, 비례대표는 비례성을 보정하는 역할을 하기 때문에, 조정의석 조항의 도입은 비례성 약화로 이어진다. 각 정당에서 발생하는 득표율과 의석점유율간 차이의 합은 34.5%p에서 35.6%p로 소폭 증가하는 것으로 나타난다.

[지역구 253석, 비례대표 47석 전국단위 · 준연동형 비례대표제 의석배분 불비례성 산출 : 조정의석 도입]

구 분	더불어 민주당 (더불어 시민당)	미래 통합당 (미래 한국당)	정의당	국민의당	열린 민주당	계
득표수(만표)	931	944	270	190	151	249
득표율	37.4%	38.0%	10.9%	7.6%	6.1%	100.0%
의석배분	163	97	16	10	9	295
의석점유율	55.3%	32.9%	5.4%	3.4%	3.1%	100.0%
득표율과의 오차	17.8%p	5.1%p	5.4%p	4.2%p	3.0%p	35.6%p

지역구 253석, 비례대표 47석+전국단위+준연동형 비례대표제(조정의석 도입)+연동형 캡 도입

기존 연동형 비례대표제에서 연동배분의석을 절반으로 축소하는 준연동형 비례대표제를 도입함에도 불구하고, 비례대표의석의 비중이 적어 비례대표의석 정수 내에서 비례의석을 배정하지 못하고 조정의석 조항이 적용되게 되었다. 준연동형 비례대표제 제도 설계하에서는, 연동형으로 각 정당에 배분한 의석의 총합이 비례대표 의석 정수에 미달하는 경우에 나머지는 득표율에 비례하여 의석할당정당에 배분된다. 그러나 비례대표의석이 충분히 확보되지 않아 조정의석 배분을 해야 하는 경우는 연동형 비례의석을 배분 받지 못하는 정당은 비례의석을 단 1석을 배분받지 못하게 된다.

제21대 국회의원선거에서는 한시적으로 30석에만 연동형 비례대표를 적용하고 17석은 정당별 득표율에 따라 배분하는 “연동형 캡”을 도입하였다. 이에 따라 시뮬레이션을 적용하는 경우 더불어민주당은 169석, 미래통합당은 99석, 정의당은 13석, 국민의당은 8석, 열린민주당은 6석을 획득하게된다. 더불어민주당은 연동형에 따른 비례대표 의석은 1석도 획득하지 못하나, 캡 외의 17석 배분에서 6석을 배분받게 된다.

[지역구 253석, 비례대표 47석 전국단위 · 준연동형 비례대표제 의석배분 결과: 조정의석 · 연동형 캡 도입]

구 분	더불어 민주당 (더불어 시민당)	미래 통합당 (미래 한국당)	정의당	국민의당	열린 민주당	무소속	계
지역구	163	84	1	0	0	5	253
연동형 비례	0	8	10	7	5	–	30
캡외 비례대표	6	7	2	1	1	–	17
최종의석배정	169	99	13	8	6	5	300

정당별 득표율과 의석점유율간의 괴리를 보정하는 연동형 비례대표 의석의 수가 47석에서 30석으로 축소됨에 따라, 비례성이 소폭 악화되는 결과가 나타나게 된다. 각 정당에서 발생하는 득표율과 의석점유율간 차이의 합은 39.7%p로 증가한다.

구 분	더불어 민주당 (더불어 시민당)	미래 통합당 (미래 한국당)	정의당	국민의당	열린 민주당	계
득표수(만표)	931	944	270	190	151	249
득표율	37.4%	38.0%	10.9%	7.6%	6.1%	100.0%
의석배분	169	99	13	8	6	295
의석점유율	57.3%	33.6%	4.4%	2.7%	2.0%	100.0%
득표율과의 오차	19.8%p	4.4%p	6.4%p	4.9%p	4.1%p	39.7%p

3. 실제 선거결과와 비교한 위성정당 설립의 효과

소선거구 · 단순다수대표제로 인해 지역구에서 의석을 획득하기 어려운 소수정당에게 정당득표율에 상응하는 의석수를 배정하기 위한 준연동제 비례대표제 도입 취지는 지역구에서 지배적인 정당들의 위성정당 설립으로 인하여 퇴색되었다. 위성정당은 지역구 후보자를 추천하지 않고 비례대표 후보자만을 추천하기 때문에 모정당이 획득한 지역구 의석수와 관계없이 위성정당의 득표율에 상응하는 비례대표 의석이 배정되게 된다. 반면 모정당은 비례대표후보자를 추천하지 않아 정당 득표율이 0%임에도 불구하고 획득한 지역구 의석이 모두 초과의석으로서 모정당에 남아있게 된다. 이에 따라 위성정당을 출범한 모정당의 의석이 정당득표율에 비하여 과대대표 된다.

위성정당을 설립한 실제 선거결과 더불어민주당과 더불어시민당은 182석, 미래통합당과 미래한국당은 101석, 정의당은 6석, 국민의당은 3석, 열린민주당은 3석을 획득하게 된다. 각 정당에서 발생하는 득표율과 의석점유율 간 차이의 합은 48.5%p이다.

[지역구 253석, 비례대표 47석 전국단위 · 준연동형 비례대표제 불비례성 산출: 조정의석 · 연동형 캡 도입+위성정당 설립 / 실제선거 결과]

구 분	더불어 민주당 + 더불어 시민당	미래 통합당 + 미래 한국당	정의당	국민의당	열린 민주당	계
득표수(만표)	931	944	270	190	151	249
득표율	37.4%	38.0%	10.9%	7.6%	6.1%	100.0%
의석배분	182	101	6	3	3	295
의석점유율	61.7%	34.2%	2.0%	1.0%	1.0%	100.0%
득표율과의 오차	24.3%p	3.7%p	8.8%p	6.6%p	5.1%p	48.5%p

이와 같은 득표 결과는 비례대표의석을 정당 득표율에 따라 배분한 개정 이전의 선거법 결과와 매우 유사한 결과이다. 제20대 선거와 동일한 병립형 비례대표 제도로 시뮬레이션을 해보면 더불어민주당은 181석, 미래통합당은 102석, 정의당은 6석, 국민의당은 3석, 열린민주당은 3석으로 실제 선거결과와 흡사한 결과를 가져오게 된다. 이는 두 거대정당이 위성정당을 설립함으로써, 각각이 획득한 지역구 의석의 수와 관계없이 각자의 위성정당의 정당득표율에 따라 비례대표 의석을 배분하였고, 조정의석 조항으로 인해 비례대표의원정수의 범위안에서만 비례대표의석을 배분하였기 때문이다. 즉, 준연동형 비례대표제라 할지라도 조정의석 조항을 도입하고 모든 지역구의석이 있는 의석할당정당이 위성정당을 설립하여 병립형 선거제도와 똑같은 정당득표율을 획득한다면, 준연동형 비례대표제가 병립형 선거제도와 똑같은 선거결과가 나타난다. 이는 수리적으로도 다음과 같이 증명해 볼 수 있다.

총의석을 T, 지역구의석총수를 R, 비례대표의석 총수를 P라하자.
의석할당정당은 n개의 정당이 (1,2,⋯,i,⋯n)있다.
단수처리에 따른 의석수 변화는 무시한다.

[병립형의석의 경우]

Vi 의 득표율을 기록한 i정당이 병립형 의석에서 획득하는 의석수(Pi)는 비례대표 의석정수에 지지율을 곱한 값과 같다.

$$Pi = P \times Vi$$

[준연동형 비례대표제+조정의석 조항+위성정당 설립의 경우]

Vi 의 득표율을 기록한 i정당에 연동배분되는 비례의석수(Pai)는 총의석(T)에 득표율을 곱한 값에 i정당이 획득한 지역구의석(Ri)을 차감한 값에 50%를 곱한 값으로 결정

Pai = 0.5(T × Vi − Ri)

그런데 위성정당은 지역구 후보자를 추천하지 않아 지역구의석이 0석(Ri = 0)이므로

Pai = 0.5 × T × Vi …①

각 정당에 배정된 의석(Pai)의 총합은 다음과 같다.

$$\sum_{i=1}^{n} P_{ai} = \sum_{i=1}^{n} 0.5\,TV_i = 0.5\,T\sum_{i=1}^{n} V_i$$

각 정당의 득표율의 합은 100%($\sum_{i=1}^{n} V_i = 1$)이므로, 각 정당에 배정된 연동배분의석(Pai)의 총합은 총의석(T)의 절반에 해당

$$\sum_{i=1}^{n} P_{ai} = 0.5\,T \quad \cdots ②$$

여기서는 우리나라와 같이 비례대표 의석의 수가 연동배분의석수 총합의 절반에 미치지 못해 조정의석을 산출해야 하는 상황을 가정한다. 비례대표의석 정수(P)을 각 정당에 배정된 연동배분의석의 비율로 배분해야 하므로

i정당에 배정되는 의석(Pi)은 각 정당에 연동배분된 의석(Pai)에 (비례대표 의석정수/배정된 연동배분의석 총합)를 곱한 값과 같다.

$$P_i = \frac{P}{\sum_{i=1}^{n} P_{ai}} \times P_{ai}$$

①과 ②를 대입하면

$$P_i = \frac{P}{0.5\,T} \times 0.5 \times T \times V_i$$

이를 계산하면

$$P_i = P \times V_i$$

이는 병립형 방식의 비례대표 의석배분방식과 동일한 결과이다.

4. 소 결

2015년 중앙선거관리위원회가 연동형 비례대표제 도입을 제안함으로서 본격화된 연동형 비례대표제 도입 논의는, 제21대 국회의원 선거를 앞두고 실제 도입을 위하여 실무적인 협상과 격론으로 이어졌다. 초과의석 문제, 지역구 의석과 비례대표 의석 조정 문제, 정치적 이해관계 등을 고려한 결과 최종안은 상당히 복잡한 선거제도로 귀결되었으며, 제도 설계시 의도하지 않았던 위성정당도 등장하였다.

협상과정에서 새로이 추가된 제도적 요소는 대부분 비례성 강화라는 본래의 목적이 일정부분 희생되는 결과를 초래하였다. 권역별 비례대표제를 전국단위로 변경한 것은 비례성 강화에 긍정적인 영향을 미쳤으나, 준연동형 도입을 통한 연동률 축소, 초과의석을 방지하는 조정의석 도입, 연동형 캡 적용 등은 비례성 강화에 부정적인 영향을 미치게되었다. 최종적으로 두 거대정당이 위성정당을 설립함으로써 제도변경 이전에 비해서 오히려 비례성이 악화되는 결과가 나타나게 되었다.

[제도 적용 여부별 의석수 배분 시뮬레이션결과 종합]

(단위: %, %p)

의석수 (지역구: 비례대표)	전국단위 / 권역별	배분 방식	조정 의석	캡 적용 여부	위성 정당	민주	한국	정의	국민	열린	총합
0-300	전국	순수 비례	-	-	-	38.0	37.3	10.8	7.8	6.1	100.0
						(0.0)	(0.2)	(0.0)	(-0.2)	(-0.0)	(0.4)
200-100	권역별	연동형	X	X	X	43.2	34.7	9.7	6.9	5.4	100.0
						(5.2)	(-2.5)	(-1.2)	(-0.8)	(-0.7)	(11.5)
200-100	전국	연동형	X	X	X	41.1	35.7	10.2	7.3	5.7	100.0
						(3.6)	(-2.3)	(-0.7)	(-0.3)	(-0.4)	(7.3)
253-47	전국	연동형	X	X	X	46.8	32.2	9.2	6.6	5.2	100.0
						(9.4)	(-5.8)	(-1.7)	(-1.0)	(-0.9)	(18.8)
253-47	전국	준연동	X	X	X	54.7	32.9	5.7	3.7	3.0	100.0
						(17.3)	(-5.1)	(-5.1)	(-3.9)	(-3.1)	(34.5)
253-47	전국	준연동	O	X	X	55.3	32.9	5.4	3.4	3.1	100.0
						(17.8)	(-5.1)	(-5.4)	(-4.2)	(-3.0)	(35.6)
253-47	전국	준연동	O	O	X	57.3	33.6	4.4	2.7	2.0	100.0
						(19.8)	(-4.4)	(-6.4)	(-4.9)	(-4.1)	(39.7)
253-47	전국	준연동	O	O	O	61.7	34.2	2.0	1.0	1.0	100.0
						(24.3)	(-3.7)	(-8.8)	(-6.6)	(-5.1)	(48.5)
253-47	전국	병립형	X	X	X	61.4	34.6	2.0	1.0	1.0	100.0
						(23.9)	(-3.4)	(-8.8)	(-6.6)	(-5.1)	(47.8)

주 1. 괄호안은 정당득표율과 의석점유율의 편차

2. 정당득표율과 의석점유율 편차의 총합은 절대값의 합

시뮬레이션 해석상의 유의점

위 분석은 각 제도를 적용하여 시뮬레이션 하였을 때 정당별로 의석점유율과 득표율의 편차를 계산하고, 편차의 총합을 불비례성의 지표로서 활용하였다. 그런데 여기서 해석에 유의할 것은 각 시뮬레이션 시나리오별 불비례성을 비교할 때, 각 제도적 변수가 불비례성에 어떠한 영향을 미치는지는 서수적 의미만 있을 뿐 기수적으로 해석해서는 안된다는 것이다.

예를 들어, 지역구 253석, 비례대표 47석 준연동형에서 조정의석 제도를 추가할 경우 편차의 총합이 34.5%에서 35.6%로 증가하는데, 이를 조정의석 제도가 불비례성을 증대시킨다고 해석할 수는 있을지언정 불비례성이 1.1%p 만큼 증가한 것으로 기수적으로 해석할 수 는 없다는 것이다.

만약 지역구 253, 비례대표 47석 연동형에서 조정의석 제도를 도입하기 이전의 편차의 합은 18.8%인데, 조정의석 제도를 도입한다면 득표율 차이는 35.6%[101]가 되어 16.8%p가 증가하는 것으로 시뮬레이션 된다. 이 또한 조정의석 제도가 불비례성을 증대시킨다고 해석할 수는 있을 뿐 조정의석이 16.8%p만큼 불비례성이 증가한다고 볼 수는 없는 것이다.

즉 불비례성을 측정하는 지표인 득표율과 의석점유율 간 편차의 총합은 각 제도의 불비례성 증감의 방향만을 판단하는 지표로 활용할 수는 있으나, 해당 지표를 각 제도가 얼마나 불비례성을 증감시키는지의 지표로 활용하기에는 의석 점유율·투표결과·다른 제도적 요인에 따라 증감폭이 달라지기 때문에 달라지기 때문에 그 활용에 신중할 필요가 있다. 이는 갤러거 지수와 같이 득표율과 의석점유율만으로 제도의 효과를 측정하는 것의 한계점이기도하다.

---

101) 지역구 253석, 비례대표 47석 연동형에서 조정의석 제도를 도입하게 되면 더불어민주당(더불어시민당)은 163석, 미래통합당(미래한국당)은 97석, 정의당은 16석, 국민의당은 11석, 열린민주당에는 8석이 배분된다.

구분	더불어민주당 (더불어시민당)	미래통합당 (미래한국당)	정의당	국민의당	열린민주당	계
득표수(만표)	931	944	270	190	151	249
득표율	37.4%	38.0%	10.9%	7.6%	6.1%	100.0%
의석배분	163	97	16	11	8	295
의석점유율	55.3%	32.9%	5.4%	3.7%	3.1%	100.0%
득표율과의 오차	17.8%	5.1%	5.4%	3.9%	3.4%	35.6%

제 7 장

개정선거법 종합평가: 이상과 현실

제 7 장 개정선거법 종합평가: 이상과 현실

소선거구 단순다수대표제로 대표되는 87년체제 이후의 국회의원 선거제도가 승자독식의 선거결과를 발생시키고, 다양한 정당의 원내진출의 걸림돌이 되므로 선거제도를 개편해야한다는 주장은 끊임없이 있어왔다. 이에 비례성을 강화하기 위한 선거제도의 모색이 이루어졌으며, 2015년 중앙선거관리위원회가 연동형 비례대표제의 도입을 골자로 한 개정의견을 국회에 제출하면서 연동형 비례대표제 도입논의가 본격화되었다.

제20대 국회는 국민의당으로 대표되는 제3세력의 원내 진출 등으로 다당제를 촉진하는 선거제도로의 이행가능성이 이전의 그 어느때보다 높아진 의석 구도를 보였다. 국회 내 제4의 교섭단체이자 선거제 개편에 적극적이었던 '평화와 정의의 의원모임'의 심상정위원장이 선거제 개편논의를 담당하는 '정치개혁특별위원회'의 위원장으로 선출됨으로서 선거제 개편 가능성은 크게 증가하였다.

그러나 기존 지역구 조정 문제, 의원 정수 확대 문제 등 현실적인 제약이 있고, 제4장에서 전술하였던 선거법 논의과정은 이러한 제약 하에서 어떻게 비례성을 조금이라도 달성할 것인지를 모색하는 과정으로 설명될 수 있다. 이하에서는 이러한 분석틀에 기초하여 선거법 논의 과정에서 제안되었던 여러 대안들을 심층적으로 분석해 보고, 제6장에서 시뮬레이션한 것과 같이 논의를 거듭하면서 추가된 각 제도가 비례성 측면에서 부정적인 결과를 낳은 과정을 정리해보고자 한다.

1. 선거구제 개편의 목적과 제약

첫 번째 과제 : 비례성의 확보

第20대 국회 국회의원 선거구제 개편 논의는 비례성을 높이는 선거제도를 구현하는데 집중되었다. 정개특위 첫 회의에서 심상정 위원장은 "비례성을 높이는 선거제도 개혁"이 정개특위의 사명임을 공언하였다.

기존 선거제도가 비례성이 낮다는 주장의 근거로 "정당득표율"과 "의석점유율"간 불일치가 크다는 것이 주로 제시되었다. 여야4당 합의로 발의된 「공직선거법 일부개정법률안」(심상정의원 대표발의, 2019.4.24.발의)의 제안이유 또한 정당득표율과 의석점유율 사이의 불일치가 크게 발생하는 상황을 기존 선거제도의 문제점으로 지적하고 있다.

두 번째 과제 : 지역구 축소 제약

전술한 바와 같이, 제13대 선거 당시 225석이던 지역구 의석은 선거를 거듭함에 따라 247석까지 증가하여, 선거제도 개편이 거듭되며 지역구가 늘어나는 경향을 보였다.

또한, 도농간 인구격차가 심화됨에 따라 지역구 수가 늘어났음에도 불구하고 제20대 선거에서부터 5개 시 · 군이 하나의 선거구가 되는 대(大)면적 선거구가 나타났다. 이러한 상황에서 선거구수를 축소하게 되면 인구기준 하한선의 상승을 불러일으키고, 인구가 적은 선거구의 통폐합으로 면적의 광역화를 심화시키게 된다.[102)]

결정적으로, 국회의원 정수의 다수를 차지하고 있는 지역구 국회의원은 자신이 당선된 선거구에서 계속 선출되고자 한다. 문제는 국회의원이 선거법 개정의 주체이기도 하다는 것이다. 지역구 축소를 한다는 것은 누군가는 자

102) 참고로, 인구기준과 관련하여 헌법재판소(2012헌마192 등)는 인구비례 2:1의 기준(상한선:하한선)을 넘는 것은 투표가치의 불평등을 야기하여 위헌이라고 보았다.

신의 지역구 소멸에 동의해야 함을 의미하는 것이고, 여기서 지역구 축소의 어려움이 발생한다.

세 번째 과제 : 의원정수 확대 제약

연동형 비례대표제 도입을 위해 발의된 법안, 그리고 논의과정에서 다양한 의석수 확대안이 제시되었다. 제13대 국회의원선거에서 299석이었던 총 의석수는 300석으로 단 1석만 증가했을 뿐, 의석수는 거의 증가하지 않았다.

정개특위 논의 과정에서 여론조사를 통하여 의석수 증가여부를 두고 여론조사가 행해졌으나, 어떤 여론조사라 할지라도 의원수 증가를 반대하는 여론이 압도적으로 높았다.

대안으로서의 연동형 비례대표제

결국 선거제도 개혁의 문제는 지역구 의석 축소 최소화 · 의원정수 확대 억제라는 2개의 제약 하에서 비례성 달성이라는 목표를 최대한 달성하기 위한 일종의 최적화 문제였다고 볼 수 있다.

연동형 비례대표제는 지역구를 최대한 유지하고, 의석 증가를 최소화함으로서 비례성을 달성하기 위해 제안된 제도로 평가할 수 있다. 병립형 하에서는 정당득표율이 비례대표 의석 배분에만 적용되기 때문에 비례성을 증진하기 위해서는 비례대표의 비중을 크게 늘려야 하는데, 이 경우 지역구 의석수를 대폭 축소하거나 비례대표 의석수를 대폭 증가시켜야 한다. 연동형 비례대표제는 정당득표율이 비례의석 배분에서 총의석 배분으로 적용 범위를 확대함으로서, 비례대표 비율 증가를 최소화한 상태에서도 비례성을 증진시킬 수 있다.

그럼에도 불구하고 기존 선거제도는 비례대표 의석비율이 너무 낮아 총의석수를 정당득표율과 연계하는 온전한 연동형 비례대표제 시행을 위해서는 일정부분 수정이 필요한 상황이었다.

2. 제도의 설계와 실행- "비례성의 희생"

개편된 선거제도의 제도설계와 실행 과정은 두가지 제약, "지역구 축소 억제"와 "의원 정수 유지"라는 두가지 제약에 막혀 비례성이 상당부분 희생된 과정으로 평가할 수 있다.

비례대표 의석수 증가 실패

먼저, 비례대표 의석수 확보의 측면에서 살펴보면 다음과 같다. 연동형 비례대표제가 비례성 확보를 위한 선거제도로서 온전히 기능하기 위해서는 충분한 비중의 비례대표의 수가 필요하다. 최초의 중앙선거관리위원회에서 제안한 연동형 비례대표제는 온전한 연동형 비례대표제를 제안하면서, 지역구와 비례대표의 비율을 2:1(비례대표 100석)로 하였다. 그러나 법안 발의 과정에서 비율이 3:1로 축소(비례대표 75석)되었다.

최종 본회의 법안 통과과정에서는 "지역구 축소 억제"라는 제약이 강하게 작용하였다. 253석에서 225석으로 지역구가 축소될 경우 어떤 지역구가 통폐합 대상인지를 시뮬레이션한 결과가 언론상에 보도되기도 하면서, 협상결과 지역구 수는 253석을 유지하도록 하여 비례대표 의석은 47석으로 법안 발의 시점에 비해서도 축소되었다.

비례성 확보를 희생한 제한적 연동형 비례대표제 설계

일반적인 연동형 비례대표제는 정당득표율을 반영한 할당의석과 지역의 석간의 괴리를 비례대표의석으로 배분한다. 그러나 개정선거법은 그 의석을 절반만 배정하는, 소위 연동률이 50%로 축소된 준연동형 비례대표로 설계되었다.

이는 "300석 의원 정수 유지" 제약하에서 지역구를 축소를 최소화 하기 위해서는 비례대표 의석수 증가에 한계가 있었고, 그러다 보니 초과의석 발생 가능성이 높아졌다는 사정이 작용하여 연동률을 축소한 것이다. 또한 지역구에서 지배적인 의석을 가지고 있는 거대정당의 경우 비례대표 의석을 거의 획득할 수 없는 사정 또한 준연동으로 변형에 고려 요인으로 작용하였던 것으로 보인다.

최종 본회의 법안 통과과정에서는 이처럼 연동률을 줄인 것 뿐 아니라, 21대 선거에 한해 17석은 지역구 의석과 상관없이 병립형으로 의석을 배분하고 30석에 대해서만 연동형 비례대표제를 적용하는 "연동형 캡"까지 도입되어 비례성이 상당부분 희생되게 된다.

위성정당 발생으로 인한 비례성 약화

본래 조정의석 조항은 의석정수 고정을 위해 의석점유율과 정당득표율의 괴리가 지나치게 큰 이례적인 상황에 대비하고 법안의 완결성을 확보하기 위하여 예비적으로 도입한 제도였다. 그러나 연동형이 적용되는 비례대표 의석이 30석으로 줄어들고 위성정당까지 설립되면서 실질적으로 의원정수를 300석으로 유지하기 위해서는 조정의석은 더 이상 예비적 제도가 아니게 되었다.

양대 거대정당이 비례대표 명단을 제출하지 않았고, 지역구후보자 없이 정당 득표율 전체를 오롯이 비례대표 의석 수 배분에 반영되도록 설계한 "위성정당"이 창당함에 따라 지역구 선거 결과에 따른 의석수와 정당득표율에 따라 배분되어야할 의석수의 괴리가 커지게 되었다. 30석만으로는 정당별 지지율에 따른 의석수와 지역구 의석수 간의 괴리를 모두 소화할 수 없었고 조정의석 제도가 적용되었다. 연동배분의석수를 극대화한 거대양당의 위성정당은 각 정당 간 연동배분의석수 비율에 따라 배분되는 조정의석을 다수 확보하였으며, 연동형이 적용되지 않는 캡 외의 비례대표의석(17석)에 대해서는 종전 제도와 동일하게 배분받음으로써 실질적으로 소수 정당의 의석점유율이 확대될 여지가 적었다.

부가적으로, 조정의석 제도가 의석 정수를 고정시키는 역할을 수행했지만 비례성 측면에서만 볼 경우 의석 정수를 고정하지 않고 초과의석을 인정하는 것이 상대적으로 나은 부분도 있었다. 다만, 초과의석 인정은 국회의원 총 정수를 변동시키는 것으로 다양한 관점에서 고려되어야 할 내용이다.

비례성 제고 목표 달성 실패

국회의원 정수 300석을 지키고자 하는 압력으로 인해서 의원정수를 늘릴 수 없었고, 지역구 수를 줄일 수 없었던 다양한 상황적 요인으로 인해 지역구 또한 줄일 수 없었다. 그 결과 제한적으로 비례성을 증진시킬 수 있는 "준연동형 비례대표제"가 도입되었다.

뿐만 아니라 제도의 적용 과정에서, 제도의 취지와는 다르게 비례대표 의석수를 확보하려는 거대정당의 위성정당 창당으로 인해 기본적으로 연동형 방식을 적용하였음에도 소수정당이 비례대표 의석을 많이 확보하지 못하는 선거결과가 나타났다.

비례성 확보에 소극적인 제도설계와 그 실행과정에서 개별 주체들의 행태가 종합적으로 작용한 결과, 비례성 제고라는 본래 선거제도 개혁의 목표를 달성 하는 데에는 최종적으로 실패하였다.

3. 나오며

산업화 · 민주화가 진행됨과 동시에 한국 사회가 다양한 가치에 기반한 다원적인 사회구조를 갖게 되었으나, 기존의 선거제도는 승자독식의 양당제로 귀결되며 사회적 다원성을 정치적으로 표현하고 조직하는데 한계가 있다는 비판이 있어왔다. 기존의 선거제도는 지역구와 비례대표를 각각 선출하는 혼합형 선거제로서 지역대표성과 비례성을 절충한 제도로서 운영하여 왔으나, 선거를 거듭하면서 지역구 의석수의 비율이 증가하였다. 의석의 대부분을 차지하는 지역구 선거는 소선거구 단순다수대표제로서 비례성 확보에는 취약할 수밖에 없었다. 이에 비례성을 증진할 수 있는 선거제의 개편요구가 대두되게 된다.

이러한 배경에서 등장한 제도적 대안이 연동형 비례대표제였다. 연동형 비례대표제는 기존의 지역구 의석수를 최대한 보전하면서 비례성을 확보할 수 있는 방안으로 여겨졌으며, 2015년 중앙선거관리위원회가 국회에 개정의견으로서 권역별·연동형 비례대표제를 제안함으로써 본격적으로 논의되기 시작하였다. 제20대 국회는 원내 교섭단체의 개수가 4개에 달하는 등 다당제 요소가 구현되었고, 선거제도 개편이 사법제도 개혁이슈와 함께 연동되면서 비례성 강화를 위한 선거제 개편 논의가 진전을 보이기 시작하였다.

그러나 의원 정수 확대에 대한 국민적 거부감과 지역구 축소의 현실적 어려움, 협상의 과정에서 각 정당의 이해관계 조정으로 인해 선거제도 개편에 따른 비례성 개선은 제한적이었다. 최종적으로 거대 양당이 위성정당을 창당함으로써 선거제도 개편 이전과 비교할 때 비례성 개선 효과는 달성할 수 없게 되었다.

2024년에 있을 제22대 국회의원선거를 앞두고 국회의원 선거제도를 개정하는 것에 대한 논의가 이루어지고 있다. 향후 선거제도 개편은 앞서 살펴본 제21대 국회의원 선거제도 개정 과정에 대한 분석을 바탕으로 이루어져야 할 것이다. 이와 관련하여 몇 가지 정책적 제언을 해보자면 다음과 같다.

첫째, 여야와 국민적 합의를 기반으로 한 선거제도 개편이 이루어 져야 한다. 제20대 국회에서의 선거제도 개편은 제1야당이 논의 과정에서 중도 탈락하고, 여당을 중심으로 한 협의체를 중심으로 패스트트랙을 통해 선거법 개정이 이루어졌다. 이에 반발한 제1야당은 위성정당을 창당했고, 이에 위기감을 느낀 여당도 위성정당을 창당함으로서 제도가 의도한 비례성 강화라는 목적 달성에 실패하였다. 또한, 선거 이후 실시된 준연동형 비례대표제에 대한 여론조사 결과도 부정적이었다. 준연동형 비례대표제 도입을 인지하지 못하는 유권자의 비율이 30%를 넘거나 준연동형 비례대표제에 찬성 의견을 가진 응답자보다 부정적 의견을 제시한 응답자가 많은 경우도 있었다.[103] 이

103) 중앙선거관리위원회에서 발간한 「제21대 국회의원선거 제3차 유권자의식조사」(표본

사안에 대해서는 전술한 뉴질랜드의 사례를 살펴볼 필요가 있다. 뉴질랜드는 국민투표를 실시하여 국민의 의사를 직접 반영하고, 여야간의 치열한 토론을 바탕으로 연동형 비례대표제로 성공적으로 이행하였다.

둘째, 인구구조 변화, 사회적 대표성 확보 등 다양한 가치를 고려한 선거제도 개편이 이루어 질 필요가 있다. 이제까지의 선거제 개편은 정당득표율과 의석배분율을 일치시키는 비례성 강화에 초점을 두고 이루어져 왔다. 그러나 선거제도 · 선거구 개편은 비례성 뿐만 아니라 다양한 사회적 변화를 염두에 두고 이루어질 필요가 있다. 지방 인구가 급격하게 줄어들고 있다. 이미 5개 시 · 군이 결합된 지역구가 등장하였다. 이런 지방소멸의 상황 또한 선거제 개편에 중요한 고려요소로 삼아야 한다. 또한 사회 갈등이 지역 뿐만아니라 계층, 젠더, 연령구조 등 다양한 균열위에 이루어짐을 고려하여 이들에 대한 대표성을 확보하는 것 또한 하나의 과제이다.

셋째, 선거제도 개편에 수반하여 정당 운영의 민주화가 필요하다. 사회의 다원성이 정치로 효과적으로 표출되기 위해서는 이를 담아내는 정당운영의 선진화가 필요하다. 일반 시민이 정당에 가입하여 개개인의 정치적 의사를 담아내고, 비례대표 선출 등 정당의 대표자 선출에 민주성과 합리성을 신장시키는 노력이 필요하다. 선거제 개편안에 국회의원 비례대표 후보 추천절차를 당헌 · 당규에 명시하고 이에 따라 후보에가 추천되었음을 선관위에 증명하도록 한 부분은 이러한 변화를 제도적으로 강제하려는 시도로 평가할 수 있으나, 이 조항은 정당의 자율성 보장을 이유로 삭제된 바, 개별 정당의 지속적인 노력이 필요할 부분으로 보인다.

1,500명)에 따르면 준연동형 비례대표제 도입을 인지하지 못한 응답자 비율이 32.7%으로 나타났다. 한국정치학회 의회로 ㈜코리아리서치인터내셔널이 실시한 '21대 총선 유권자 의식조사'(표본 1,044명)에 따르면 준연동형 비례대표제에 대한 찬성의 의견을 가진 응답자(적극 찬성, 대체로 찬성)는 38.12%, 부정적 의견을 제시한 응답자(대체로 반대, 적극 반대)는 43.87%였다.

이는 전국 만18세 이상 성인 남녀 1,500명을 대상으로 ㈜한국갤럽조사연구소에서 실시하였으며, 조사기간은 2020년 4월 16일~5월 6일이었다. 표본오차는 95% 신뢰수준에서 ±2.5%p이다.

대한민국 헌법 제41조제3항은 선거구와 비례대표제 기타 선거에 관한 사항은 법률로 정하도록 규정하고 있고, 입법권은 그 법률로 정해진 선거제도하에서 당선된 국회의원에게 있다. 정당의 주 목적이 집권인 이상, 각 정당의 이익에 반하는 선거제도 개편은 어려운 것이 현실이다. 우리나라 뿐 아니라 대부분의 국가에서 선거제도 개편이 어렵고 그 과정에서 다양한 갈등이 노출되는 것은 이 때문이다. 그럼에도 불구하고 민주적이고 합리적인 선거제도의 설계와 제도화는 결국 헌법이 부여한 국회의 과제이다. 각계 각층의 의견, 국민적 여론을 충분히 수렴하고, 민주정치의 발전을 중심에 두어 개별 정파의 이익을 초월할 수 있도록 노력함으로써 민주주의 공고화에 기여하는 선거제도를 확립해 나가야 할 것이다.

부 록

참고 4-1 역대 국회의원 의석 배분 조항 연혁

[제13대 국회의원 선거]

「국회의원선거법」

제133조 (전국구의석의 배분과 당선인의 결정) ①중앙선거관리위원회는 지역구총선거에서 5석이상의 의석을 차지한 각정당의 지역구의석비율에 따라 전국구의석을 배분한다. 다만, 지역구총선거에서 제1위로 의석을 차지한 정당(이하 "第1黨"이라 한다)의 지역구의석수가 지역구의석총수의 100분의 50미만일 때에는 제1당에 전국구의석총수의 2분의 1(端數는 1로 한다)을 배분하고 잔여의석은 제2당이하의 정당에 그 지역구의석비율로 배분한다.

②지역구의석수가 동일한 제1당이 2개이상인 때에는 지역구선거에서 유효득표총수가 많은 정당을 제1당으로 한다.

③제1항의 의석비율은 전국구의석배분에 참가할 자격이 있는 각정당의 지역구의석수를 그 의석총수로 나누고, 소수점이하 제5위를 사사오입하여 얻은 수를 백분률로 표시한다.

④전국구의석은 제1항 및 제3항의 규정에 의하여 산출된 수의 정수에 따라 배분한 다음에 잔여의석이 있을 때에는 그 단수가 큰 순위에 따라 제1당을 제외한 각정당에 1석씩 배분한다.

⑤제4항의 경우에 있어서 같은 단수가 있을 때에는 그 지역구의석수가 많은 정당에 배분하고 지역구의석수가 같은 때에는 당해 정당의 추첨에 의한다.

⑥정당에 배분된 전국구의석수가 그 정당이 추천한 전국구후보자수를 초과할 때에는 초과된 의석은 공석으로 한다.

⑦중앙선거관리위원회는 제출된 정당별후보자명부의 순위에 따라 배분된 전국구의석의 당선인을 결정한다.

⑧중앙선거관리위원회는 제138조제1항제1호、제139조 또는 제141조의 사유로 인하여 전지역구의 선거결과가 종결되지 아니한 경우에는 당선인이 결정되지 아니한 의석총수를 전지역구의원정수로 나눈 다음 전국구의원정수를 곱하여 얻은 수의 정수를 전국구의원정수에서 공제한 의석을 제1항 내지 제7항의 규정에 따라 전국구의석을 배분하고 당선인을 결정한다.

[제14대 국회의원 선거]

「국회의원선거법」

제133조 ①중앙선거관리위원회는 지역구총선거에서 5석이상의 의석을 차지한 각 정당의 지역구의석비율에 따라 전국구의석을 배분한다. 다만, 지역구총선거에서 의석을 얻지 못하였거나 5석미만을 차지한 정당으로서 그 득표수가 유효투표총수의 100분의 3이상인 정당이 있는 때에는 그 정당에 대하여 우선 1석씩을 배분한다.

②제1항의 의석비율은 지역구총선거에서 5석이상의 의석을 차지한 각 정당의 지역구의석수를 그 의석총수로 나누고 소수점이하 제5위를 반올림하여 산출한다.

③전국구의석은 제2항의 규정에 의하여 산출된 의석비율에 전국구의석수(第1項 但書의 規定에 의하여 有效投票總數의 100分의 3이상을 得票한 政黨에 配分되는 議席數를 제외한다)를 곱하여 산출된 수의 정수에 따라 배분한 다음에 잔여의석이 있는 때에는 그 단수가 큰 순위에 따라 각 정당에 1석씩 배분한다.

④제3항의 경우에 같은 단수가 있는 때에는 그 지역구의석수가 많은 정당에 배분하고 지역구의석수가 같은 때에는 당해 정당의 추첨에 의한다.

⑤정당에 배분된 전국구의석수가 그 정당이 추천한 전국구후보자수를 초과할 때에는 초과된 의석은 공석으로 한다.

⑥중앙선거관리위원회는 제출된 정당별후보자명부의 순위에 따라 배분된 전국구의석의 당선인을 결정한다.

⑦중앙선거관리위원회는 제138조제1항제1호、제139조 또는 제141조의 사유로 인하여 전지역구의 선거가 종결되지 아니한 경우에는 당선인이 결정되지 아니한 의석총수를 전지역구의원정수로 나눈 수에 전국구의원정수를 곱하여 얻은 수의 정수를 전국구의원정수에서 공제한 의석을 제1항 내지 제6항의 규정에 따라 전국구의석을 배분하고 당선인을 결정한다.

[제15대 국회의원 선거]

제189조 (전국구국회의원의석의 배분과 당선인의 결정、공고、통지) ①전국구국회의원선거에 있어서는 중앙선거관리위원회가 지역구국회의원총선거에서 5석이상의 의석을 차지하였거나 유효투표총수[제188조(地域區國會議員當選人의

決定、公告、통지)제4항 후단의 규정에 의하여 당선인이 없는 국회의원지역구의 유효투표수를 포함한다]의 100분의 5이상을 득표한 각 정당(全國區國會議員候補者名簿를 제출하지 아니한 政黨을 제외한다. 이하 이 條에서 "議席割當政黨"이라 한다)에 대하여 지역구국회의원총선거에서 얻은 득표비율에 따라 전국구국회의원의석을 배분한다. 다만, 지역구국회의원총선거에서 유효투표총수의 100분의 3이상 100분의 5미만을 득표한 각 정당에 대하여는 전국구국회의원의석 1석씩을 배분한다.

②제1항의 득표비율은 각 의석할당정당의 득표수(第188條第4項 後段의 規定에 의하여 當選人이 없는 國會議員地域區의 得票數를 포함한다. 이하 이項 및 第4項에서 같다)를 모든 의석할당정당이 지역구국회의원총선거에서 얻은 득표수의 합계로 나누고 소수점이하 제5위를 반올림하여 산출한다.

③전국구국회의원의석은 제2항의 규정에 의하여 산출된 각 정당의 득표비율에 전국구국회의원의석정수에서 제1항 단서의 규정에 의하여 배분된 의석수를 뺀 수를 곱하여 산출된 수의 정수의 의석을 각 정당에 배분한 다음에 잔여의석이 있는 때에는 그 단수가 큰 순위에 따라 각 정당에 1석씩 배분한다.

④제3항의 경우에 같은 단수가 있는 때에는 그 득표수가 많은 정당에 배분하고, 그 득표수가 같은 때에는 당해 정당사이의 추첨에 의한다.

⑤정당에 배분된 전국구국회의원의석수가 그 정당이 추천한 전국구국회의원후보자수를 넘는 때에는 그 넘는 의석은 공석으로 한다.

⑥중앙선거관리위원회는 제출된 정당별 전국구국회의원후보자명부에 기재된 순위에 따라 정당에 배분된 전국구국회의원의석의 당선인을 결정한다.

[제16대 국회의원 선거]

제189조 (비례대표국회의원의석의 배분과 당선인의 결정、공고、통지) <개정 2000. 2. 16.> ①비례대표국회의원선거에 있어서는 중앙선거관리위원회가 지역구국회의원총선거에서 5석이상의 의석을 차지하였거나 유효투표총수[제188조(地域區國會議員當選人의 決定、公告、통지)제4항 후단의 규정에 의하여 당선인이 없는 국회의원지역구의 유효투표수를 포함한다]의 100분의 5이상을 득표한 각 정당(比例代表國會議員候補者名簿를 제출하지 아니한 政黨을 제외한다. 이하 이 條에서 "議席割當政黨"이라 한다)에 대하여 지역구국회의원총선거에서 얻은 득표비율에 따라 비례대표국회의원의석을 배분한다. 다만, 지역구국회의원총선거에서 유효투표총수의 100분의 3이상 100분의 5미만을 득표한

각 정당에 대하여는 비례대표국회의원의석 1석씩을 배분한다.
②제1항의 득표비율은 각 의석할당정당의 득표수(第188條第4項 後段의 規定에 의하여 當選人이 없는 國會議員地域區의 得票數를 포함한다. 이하 이項 및 第4項에서 같다)를 모든 의석할당정당이 지역구국회의원총선거에서 얻은 득표수의 합계로 나누고 소수점이하 제5위를 반올림하여 산출한다.
③비례대표국회의원의석은 제2항의 규정에 의하여 산출된 각 정당의 득표비율에 비례대표국회의원의석정수에서 제1항 단서의 규정에 의하여 배분된 의석수를 뺀 수를 곱하여 산출된 수의 정수의 의석을 각 정당에 배분한 다음에 잔여의석이 있는 때에는 그 단수가 큰 순위에 따라 각 정당에 1석씩 배분한다.
④제3항의 경우에 같은 단수가 있는 때에는 그 득표수가 많은 정당에 배분하고, 그 득표수가 같은 때에는 당해 정당사이의 추첨에 의한다.
⑤정당에 배분된 비례대표국회의원의석수가 그 정당이 추천한 비례대표국회의원후보자수를 넘는 때에는 그 넘는 의석은 공석으로 한다.
⑥중앙선거관리위원회는 제출된 정당별 비례대표국회의원후보자명부에 기재된 순위에 따라 정당에 배분된 비례대표국회의원의석의 당선인을 결정한다.
⑦중앙선거관리위원회는 제195조(再選擧)제1호 및 제2호 전단(第188條第4項 後段의 경우를 제외한다)、제196조(選擧의 延期) 또는 제198조(天災、地變등으로 인한 再投票)의 사유로 인하여 국회의원지역구의 선거가 모두 종결되지 아니한 경우에는 선거가 종결되지 아니한 당해 국회의원지역구의 선거인수를 전국선거인수(第188條第2項 및 같은條第3項의 規定에 의하여 投票를 실시하지 아니한 國會議員地域區의 選擧人數를 제외한다)로 나눈 수에 비례대표국회의원의석정수를 곱하여 얻은 수의 정수를 비례대표국회의원의석정수에서 뺀 다음에 제1항 내지 제6항의 규정에 따라 비례대표국회의원의석을 배분하고 당선인을 결정한다. 다만, 제1항의 규정에 의하여 비례대표국회의원의석배분이 배제된 정당중 종결되지 아니한 국회의원지역구의 선거결과에 따라 배분대상정당이 추가될 것이 예상되는 때에는 추가가 예상되는 정당마다 비례대표국회의원정수의 100분의 5에 해당하는 정수를 별도로 빼야 한다.
⑧비례대표국회의원의 당선인이 결정된 때에는 중앙선거관리위원회위원장은 그 명단을 공고하고 지체없이 각 정당에 통지하며, 당선인에게 당선증을 교부하여야 한다.
⑨제187조(大統領當選人의 決定、公告、통지)제4항의 규정은 비례대표국회의원당선인의 결정에 이를 준용한다.

[제17대~제20대 국회의원 선거]

제189조(비례대표국회의원의석의 배분과 당선인의 결정ㆍ공고ㆍ통지) ①중앙선거관리위원회는 비례대표국회의원선거에서 유효투표총수의 100분의 3 이상을 득표하였거나 지역구국회의원총선거에서 5석 이상의 의석을 차지한 각 정당(이하 이 조에서 "의석할당정당"이라 한다)에 대하여 당해 의석할당정당이 비례대표국회의원선거에서 얻은 득표비율에 따라 비례대표국회의원의석을 배분한다.

②제1항의 득표비율은 각 의석할당정당의 득표수를 모든 의석할당정당의 득표수의 합계로 나누어 산출한다.

③비례대표국회의원의석은 각 의석할당정당의 득표비율에 비례대표국회의원의석정수(이하 이 조에서 "의석정수"라 한다)를 곱하여 산출된 수의 정수(整數)의 의석을 당해 정당에 먼저 배분하고 잔여의석은 소수점 이하 수가 큰 순으로 각 정당에 1석씩 배분하되, 그 수가 같은 때에는 당해 정당 사이의 추첨에 의한다.

④중앙선거관리위원회는 제출된 정당별 비례대표국회의원후보자명부에 기재된 당선인으로 될 순위에 따라 정당에 배분된 비례대표국회의원의 당선인을 결정한다.

⑤정당에 배분된 비례대표국회의원의석수가 그 정당이 추천한 비례대표국회의원후보자수를 넘는 때에는 그 넘는 의석은 공석으로 한다.

⑥중앙선거관리위원회는 비례대표국회의원선거에 있어서 제198조(천재ㆍ지변등으로 인한 재투표)의 규정에 의한 재투표 사유가 발생한 경우에는 그 투표구의 선거인수를 전국선거인수로 나눈 수에 의석정수를 곱하여 얻은 수의 정수(1 미만의 단수는 1로 본다)를 의석정수에서 뺀 다음 제1항 내지 제4항의 규정에 따라 비례대표국회의원의석을 배분하고 당선인을 결정한다. 다만, 재투표결과에 따라 의석할당정당이 추가될 것으로 예상되는 경우에는 추가가 예상되는 정당마다 의석정수의 100분의 3에 해당하는 정수(1미만의 단수는 1로 본다)의 의석을 별도로 빼야 한다.

⑦비례대표국회의원의 당선인이 결정된 때에는 중앙선거관리위원회위원장은 그 명단을 공고하고 지체없이 각 정당에 통지하며, 당선인에게 당선증을 교부하여야 한다.

⑧제187조(대통령당선인의 결정ㆍ공고ㆍ통지)제4항의 규정은 비례대표국회의원당선인의 결정에 이를 준용한다.

참고 4-2 | 2015년 중앙선거관리위원회 개정의견

Ⅰ. 지역주의 완화와 유권자 의사의 충실한 반영을 위한 국회의원 선거제도 개선방안

제 안 이 유

○ 시·도 단위로 지역구와 비례대표의 동시 입후보를 허용하여 열세지역에서 의석을 확보할 수 있는 가능성을 제공함으로써 정당의 지역편중 현상을 완화하고,

○ 선거구획정 관련 인구비례 기준에 대한 헌법불합치결정[1])으로 인하여 국회의원 선거구의 대폭적인 개편이 불가피한 상황에서 정당 지지도와 의석 점유율간, 시·도별 인구수와 의석수간 불비례성을 극복하고 대표성을 강화할 수 있는 권역별 비례대표제 도입을 제안하는 것임.

개 정 의 견

1 지역구와 비례대표 동시 입후보 허용

1. 동시 입후보 방법

○ 같은 시·도 안의 지역구에 입후보한 후보자에 한하여 2명 이상을 비례대표 후보자명부의 같은 순위에 배치할 수 있도록 함.

○ 동시 입후보자를 어떤 순위에 배치할 것인지, 몇 개의 순번에 배치할 것인지, 같은 순위에 몇 명을 배치할 것인지는 정당이 자율적으로

---

1) 국회의원지역선거구구역표상 각 선거구 사이의 인구편차가 전국 선거구의 평균인구수를 기준으로 상하 $33\frac{1}{3}$%(인구비례 2:1)의 범위를 벗어나는 것은 헌법상 허용되지 아니함(헌재 2014. 10. 30. 2012헌마192등).

결정하도록 함(여성 의무추천 현행 유지).

2. 동시 입후보자의 당선인 결정

○ 동시 입후보자를 배치한 순위의 당선인은 1명으로 하되, 지역구에서 낙선한 후보자 중에서 상대득표율이 가장 높은 사람을 비례대표 당선인으로 결정함.

※ 상대득표율 : 해당 후보자의 득표수/해당 지역구의 후보자 1인당 평균득표수

○ 동시 입후보자의 득표수가 자신이 입후보한 지역구 유효투표 총수의 3%에 미달하는 경우에는 당선인이 될 수 없도록 함.

○ 동시 입후보를 했더라도 해당 시・도에서 소속 정당의 지역구 당선인 수가 그 시・도 전체 지역구 수의 1/5 이상인 경우에는 당선인이 될 수 없도록 함.

3. 동시 입후보 당선인 의석승계

○ 같은 순위 동시 입후보자 중에서 상대득표율이 높은 순으로 승계하되, 해당 순위에 의석을 승계할 후보자가 없는 경우에는 비례대표 후보자명부 순위에 따라 승계하도록 함.

참 고 **제19대 국회의원선거기준 주요 정당 적용지역 등 현황**

구 분	당선인 수가 해당 시・도 지역구 수의 1/5에 미달한 지역	열세 지역 낙선 후보자 중 당선자격(3% 이상 득표) 가진 후보자 수
새누리당	광주, 전북, 전남, 제주	광주(1명), 전북(6명), 전남(7명)
새정치연합	부산, 대구, 울산, 경북, 경남, 강원	부산(14명), 울산(2명), 경남(7명), 대구(10명), 경북(11명)

2 권역별 비례대표제 도입

1. 정 수

가. 총정수

○ 총정수는 제19대 국회의원 정수 300명을 그대로 유지함.

나. 권역별 정수

○ 전국을 지리적 여건과 생활권 등을 고려하여 6개 권역으로 구분함.

[예시] ①서울 ②인천 · 경기 · 강원 ③부산 · 울산 · 경남 ④대구 · 경북 ⑤광주 · 전북 · 전남 · 제주 ⑥대전 · 세종 · 충북 · 충남

○ 총정수 300명을 권역별로 인구비례에 따라 배분함.

○ 권역별로 지역구와 비례대표 비율은 2:1 범위(±5%)에서 정함.

2. 후보자등록

○ 지역구는 현행과 같이 선거구별로 1명씩 후보자를 추천함.

○ 비례대표는 권역별로 후보자명부를 제출하되, 지역주의 완화를 위하여 위 1에 따른 지역구 후보자의 비례대표 후보자 동시입후보를 허용함(여성 의무추천 현행 유지).

3. 당선인 결정

가. 의석할당 정당

○ 현행과 같이 전국 득표율 기준 3% 이상 득표 또는 지역구 5명 이상 당선을 기준으로 의석을 배분할 정당을 정함.

나. 정당별 의석배분 ⇨ 병용제 채택

○ 권역별로 각 의석할당 정당에 배분할 총의석수를 확정함.[2)]

○ 권역별로 확정된 총의석을 각 의석할당 정당의 득표율에 따라 나누어 각 의석할당 정당별로 의석(지역구+비례대표)을 배분함.

다. 당선인 결정[3)]

○ 각 의석할당 정당별로 배정된 의석수에서 지역구 당선인을 제외한 나머지 인원을 권역별 비례대표 명부순위에 따라 당선인으로 결정

- (지역구) 현행과 같이 다수 득표자 1인을 당선인으로 함.
- (비례대표) 권역별로 각 정당이 제출한 후보자 명부 순위에 따라 당선인을 결정하되, 동시 입후보자는 위 [1]에 따라 당선인을 결정함.

---

2) 권역별 총정수 – (무소속 당선인 수+의석할당 정당 외의 정당소속 지역구 당선인 수)

3) 병용제에 따르면 초과의석이 발생할 수 있으나, 정당 득표율과 의석점유율의 비례성을 절대적인 기준으로 하는 독일과는 그 도입 취지가 다르기 때문에 위헌문제가 제기될 것이라고 보이지는 아니함.

참고 4-3	제19대 대통령선거 후보자별 공약

[더불어 민주당]

정치·선거제도 개혁

2 소외받는 국민이 없도록 공직선거제도를 개편하겠습니다

- 국회 구성의 비례성 강화 및 지역편중 완화
  - 국회의원선거에 권역별 정당명부 비례대표제 도입
- 개헌을 통해 대통령선거 결선투표제 도입

[국민의당]

민심이 반영되는 선거제도를 만들겠습니다

현황 및 문제점

- 국회의원 지역구 선거에서 발생하는 사표(死票)가 전체 투표수의 절반을 넘고, 정당의 득표율과 의석 비율이 일치하지 않아 민의가 제대로 반영되지 않고 있습니다.

국정과제

- **'독일식 정당명부 비례대표제' 도입**

[바른정당]

민심을 담아내는 정치 제도를 만들겠습니다

국민 생각

- 국회 신뢰도 10점 만점에 2.86(2017년 3월 기준)
- 새누리당 공천 파동으로 정치에 대한 국민적 실망과 분노가 팽배해 있고, 현재의 국회, 선거·정당 제도로는 민심을 담아낼 수 없음

바른 약속 바른 실천

국회의원 정수 축소

- 국회의원 정수를 300명에서 200명으로 축소

국회의원 선거구제 개편

- 대도시 지역은 중대선거구 제도, 지방·농촌 지역은 소선거구 제도로 개편

[정의당]

정치개혁

2. 연동형비례대표제로 국민 뜻대로 의석 배분

진단

- 지난 19대 총선에서 새누리당은 42.8% 정당득표율로 의석의 50.7%를 차지했고 20대 총선에서 더불어민주당은 25.5% 정당득표율로 의석의 41.0%를 차지했음
- 단 한 표만 더 얻으면 당선이 되는 승자독식 단수다수대표제와 이를 보완하기 위해 마련된 비례대표 의석이 47석(전체 의석의 15.67%)에 불과한 현행 선거제도 하에서는 이처럼 정당지지도와 의석점유율이 비례하지 않고 있음
- 이처럼 비민주적이고 불공정한 선거제도는 의회에 다양한 정치세력이 진입하는 것을 막고 당선자에게 투표하지 않은 유권자들의 표를 사표로 만들고 있음

약속

- 독일식 연동형 비례대표제 도입

  – 지역구와 비례대표 비율을 2:1로 하고 의석 전체를 정당득표율을 기준으로 배분함. 정당별로 배분된 의석 안에서 지역구 당선자를 먼저 채우고 나머지를 비례대표 후보로 채움

  – 정당명부 제출은 전국 단위로 하고 후보 공천은 당내 경선을 비롯한 민주적 방법으로 진행할 수 있도록 법제화

참고 4-4 2018년12월 정개특위 간사발제안

(발제)국회의원 선거제도 개혁 방안

지금 보내드리는 선거제도 개편안은 정개특위에서 합의된 안은 아닙니다.

그동안 의원들과 각 정당의 다양한 의견을 종합해
정치개혁특별위원회 위원장과 간사들이 정리한 것으로 본격적인 토론을 활성화하기 위한 발제안으로 작성한 것입니다

적극적이고 활발한 토론을 기대합니다.

2018.12.03.

정치개혁특별위원회 위원장 심상정

더불어민주당 간사 김종민

자유한국당 간사 정유섭

바른미래당 간사 김성식

[발제] 국회의원 선거제도 개혁 방안

(181203, 국회 정치개혁특별위원회 간사회의)

여기에서 제시하는 선거제도 개편안은 정개특위에서 합의된 안은 아니다. 그동안 의원들과 각 정당의 다양한 의견을 종합해 정치개혁특별위원회 위원장과 간사들이 정리한 것으로 본격적인 토론을 활성화하기 위한 발제안으로 작성한 것이다.

1. <A안> 소선거구제 + 권역별 비례제(연동형) + 정수유지

❍ (개요) ▲정수 300석 ▲소선거구제 + 권역별 비례제 = 2+1(200+100) ▲의석 배분은 연동형으로 하되, 우리 실정에 맞는 구체적 방안 논의 ▲석패율제 도입

❍ (특징) 2015년 중앙선관위 안과 비슷하나 연동 방식을 우리 실정에 맞게 적용

❍ (장점) ▲지역주의 극복 ▲유의미한 비례성 확대 ▲비례대표의 대표성 강화 ▲지역대표성과 국민대표성의 균형

❍ (단점) ▲지역구 축소 어려움 (➔ 권역별 비례대표에 출마)

❍ (추가) ▲지역+비례 비율을 3+1(225+75)로 하자는 의견. 줄여야 하는 지역구가 너무 많아 현실성이 떨어지므로 이렇게 하자는 것인데 이 역시 지역구를 30석 가까이 줄여야 하므로 별 차이가 없다는 의견도 있음
▲지역+비례 비율을 1+1(=150+150)로 하자는 과감한 개혁안도 있음. 이 경우에는 병립형으로 해도 비례성이 크게 개선됨. 100석의 지역구가 줄어드는 대신 권역별 비례대표제로 출마할 수 있는 기회가 열려 소선거구제 + 대선거구제의 효과

2. <B안> 도농복합 선거구제 + 권역별 비례제(연동형/병립형) + 정수유지

❍ (개요) ▲정수 300석 ▲도농복합 선거구제+권역별 비례제 = 3+1(225+75) ▲의석 배분은 연동형으로 하되, 우리 실정에 맞는 구체적 방안 논의

❍ (특징) 인구 100만 이상 도시는 중대선거구제로 하고, 이하 농촌지역은 소선거구제

❍ (장점) ▲지역주의 극복 ▲비례성 개선

❍ (단점) ▲선거구 내 대표성 불균형 ▲정당 정치 약화, 파벌정치 ▲선거비용 증대

3. <C안> 소선거구제 + 권역별 비례제(연동형) + 정수확대

❍ (개요) ▲정수 330석 ▲소선거구+권역별 비례제 = 2+1(220+110) ▲의석 배분은 연동형으로 하되, 우리 실정에 맞는 구체적 방안 논의 ▲석패율제 도입

❍ (특징) A안과 제도의 골격은 같고 정수만 30명 늘리는 방안.

❍ (장점) A안에 비해 늘어난 의석수만큼 비례성은 더 확대됨.

❍ (단점) 정수확대와 지역구 축소의 두 가지 장벽을 넘어야 함

❍ (추가) 추가안으로는 320석 정수에 지역+권역 비율을 3+1(240+80)로 하는 안이 있음

참고 4-5	2019년1월 정개특위 소위원회 논의경과 보고자료

정치개혁1소위원회 논의경과 보고

2019. 1. 24.

정치개혁1소위원회

제1소위원장 김종민의원입니다.

우리 소위원회는 지난해 11월22일 제1차회의를 개최한 이래 올해 1월22일까지 총 15차례의 소위원회를 열어 선거제도 개혁을 위한 토론을 진행하였는데, 그 논의 경과를 말씀드리겠습니다.

지난해 11월22일 제1차회의부터 12월3일 제3차회의 까지 선거제도 개편의 건과 관련하여 심도있는 토론을 진행하였고, 이 과정에서 정치개혁특별위원회 간사회의에서 ①의원정수·소선거구제를 유지하면서 권역별·연동형 비례대표제를 도입하는 방안, ②의원정수를 유지하면서 도농복합 선거구제로 개편하고 권역별 비례대표제를 도입하는 방안, ③정수를 확대하면서 소선거구제는 유지하되, 권역별·연동형 비례대표제를 도입하는 방안 총 3가지의 개혁방안을 보고하였으며, 우리 소위원회는 이를 받아들여 의원님들께 발제안으로써 제시해 드린 바 있습니다.

이에 대해 지난해 12월15일 연동형 비례대표제 도입관련 5당 원내대표의 합의가 있었고, 이에 우리 소위원회는 12월18일 제6차회의부터 연동형 비례대표제 도입을 위한 구체적인 방안을 적극 검토하였습니다. 우리 소위원회는 ①의석 배분방식, ②지역대표와 비례대표 비율, ③지역대표 선출방식, ④비례대표 선출방식, ⑤바람직한 의원정수, ⑥석패율제·이중등록제, ⑦공천제도 개혁을 주요쟁점으로 정하고 쟁점별로 깊이있는 토론을 진행하였습니다. 아울러, 우리 소위원회는 각 당에 선거제도 개편안을 마련할 것을 촉구하였습니다.

이에 따라 1월21일과 1월23일 각 당이 우리 소위원회에 제시한 선거제도 개혁안은 다음과 같습니다.

첫째, 더불어민주당의 개혁안입니다.

의원정수 300명을 유지하되, 지역구와 비례대표의 의원정수를 각각 200명과 100명으로 하고, 의석배분 방식은 복합연동형, 준연동형, 보정형의 세가지 방안을 제시하였습니다. 비례대표는 권역별로 선출하며, 석패율제를 병용하며, 예비선거에 준하는 비례대표 공천제도를 법제화하는 방안입니다.

둘째, 바른미래당·민주평화당·정의당의 개혁안입니다.

정당득표율에 따라 총 의석을 배분하는 형태의 연동형 비례대표제를 채택하고자 하는 안 입니다. 의원정수는 330명으로 증원하고, 지역구와 비례대표의 의원정수를 각각 220명과 110명으로 하여 협의하는 안을 제시하였습니다. 아울러, 석패율제 또는 이중등록제 도입을 긍정적으로 검토합니다. 비례대표 선출방식을 권역별로 할지 전국단위로 시행할지는 추후 협의과정에서 검토하도록 하였습니다.

자유한국당은 정치개혁특별위원회 소위원회에서 논의가 진전되어 일정부분 합의점이 생긴다면 이를 바탕으로 개혁안에 대한 당론을 마련하겠다는 입장입니다.

보다 자세한 내용은 배부해 드린 유인물을 참조하여 주시기 바랍니다.

감사합니다.

[붙임 1]

[발제] 국회의원 선거제도 개혁 방안

(181203, 국회 정치개혁특별위원회 간사회의)

〈개편안〉

여기에서 제시하는 선거제도 개편안은 정개특위에서 합의된 안은 아니다. 그동안 의원들과 각 정당의 다양한 의견을 종합해 정개특위 위원장과 간사들이 정리한 것으로 본격적인 토론을 활성화하기 위한 발제안으로 작성한 것이다.

1. 〈A안〉 소선거구제 + 권역별 비례제(연동형) + 정수유지

❍ (개요) ▲정수 300석 ▲소선거구제 + 권역별 비례제 = 2+1(200+100) ▲의석 배분은 연동형으로 하되, 우리 실정에 맞는 구체적 방안 논의 ▲석패율제 도입

❍ (특징) 2015년 중앙선관위 안과 비슷하나 연동 방식을 우리 실정에 맞게 적용

❍ (장점) ▲지역주의 극복 ▲유의미한 비례성 확대 ▲비례대표의 대표성 강화 ▲지역대표성과 국민대표성의 균형

❍ (단점) ▲지역구 축소 어려움 (➔ 권역별 비례대표에 출마)

❍ (추가) ▲지역+비례 비율을 3+1(225+75)로 하자는 의견. 줄여야 하는 지역구가 너무 많아 현실성이 떨어지므로 이렇게 하자는 것인데 이 역시 지역구를 30석 가까이 줄여야 하므로 별 차이가 없다는 의견도 있음

▲지역+비례 비율을 1+1(=150+150)로 하자는 과감한 개혁안도 있음. 이 경우에는 병립형으로 해도 비례성이 크게 개선됨. 100석의 지역구가 줄어드는 대신 권역별 비례대표제로 출마할 수 있는 기회가 열려 소선거구제 + 대선거구제의 효과

2. 〈B안〉 도농복합 선거구제 + 권역별 비례제(연동형/병립형) + 정수유지

- ❍ (개요) ▲정수 300석 ▲도농복합 선거구제+권역별 비례제 = 3+1(225+75) ▲의석 배분은 연동형으로 하되, 우리 실정에 맞는 구체적 방안 논의
- ❍ (특징) 인구 100만 이상 도시는 중대선거구제로 하고, 이하 농촌지역은 소선거구제
- ❍ (장점) ▲지역주의 극복 ▲비례성 개선
- ❍ (단점) ▲선거구 내 대표성 불균형 ▲정당 정치 약화, 파벌정치 ▲선거 비용 증대

3. 〈C안〉 소선거구제 + 권역별 비례제(연동형) + 정수확대

- ❍ (개요) ▲정수 330석 ▲소선거구+권역별 비례제 = 2+1(220+110) ▲의석 배분은 연동형으로 하되, 우리 실정에 맞는 구체적 방안 논의 ▲석패율제 도입
- ❍ (특징) A안과 제도의 골격은 같고 정수만 30명 늘리는 방안.
- ❍ (장점) A안에 비해 늘어난 의석수만큼 비례성은 더 확대됨.
- ❍ (단점) 정수확대와 지역구 축소의 두 가지 장벽을 넘어야 함
- ❍ (추가) 추가안으로는 320석 정수에 지역+권역 비율을 3+1(240+80)로 하는 안이 있음

[붙임 2]

선거제도 개혁안 [더불어민주당]

(190121, 민주당 정개특위)

[개요] 300=소선거구 200+ 권역비례 100

1. 권역별 비례대표제 (연동형)

○ **비례 비율 확대 (2대1)**
- 비례성 강화
- 대표성 강화 → 사회적 다양성, 국민 대표성

○ **비례대표 권역별 선출**
- 지역주의 완화
- 지역 대표성 보완 → 소지역 대표성 + 광역 대표성

○ **연동형 의석 배분**
- 비례성 강화 → 준연동, 복합연동, 보정연동 中 선택

○ **부분개방형 도입**
- 유권자의 직접 선출권 보장

○ **석패율제 도입**
- 취약 지역의 지역구 출마 독려

2. 의원 정수 유지

☞ 축소된 지역구 출마 예정자는 권역별 비례대표 출마 가능

3. 공천 제도 개혁

☞ 예비선거 수준의 공천제도 법제화로 대표성 강화

[붙임 3]

야3당(바른미래당·민주평화당·정의당)원내대표 '선거제도 개혁 합의 촉구' 관련 공동기자회견문

연동형 비례대표제 합의 정신에 따라
1월 내 선거법 합의처리를 이뤄야합니다

존경하는 국민여러분,

오늘 바른미래당, 민주평화당, 정의당 등 야3당은 당대표들이 단식농성을 하면서 지난해 말 '연동형 비례대표제'를 중심으로 한 5당 원내대표 합의를 이끌어낸 바 있습니다. 당시 합의문에는 올해 1월 임시국회에서 선거법 개정안을 합의 처리한다는 내용도 포함돼 있습니다. 그러나, 1월말이 다 돼가는 지금도 '연동형 비례대표제에 기반한 선거법 합의처리'는 앞길이 불투명한 상태입니다.

21일 민주당은 선거제도 개혁에 대한 당론을 정했습니다. 여당이 이제라도 선거개혁에 대한 의지를 갖고, 자체적인 안(案)을 내놓은 것에 대해서는 의미 있게 평가합니다. 그러나, 그 구체적인 내용은 지난 5명의 원내대표 합의에 비춰 대단히 후퇴되었고, 정치개혁의 방향을 왜곡하고 있습니다. 민주당이 제안한 세 가지 방안은 그 어느 것도 '연동형 비례대표제'의 정신을 온전히 담지 못하고 있습니다. 절반의 연동형, 위헌적 연동형, 그리고 사실상 병립형에 불과한 것입니다. 한 마디로 무늬만 연동형, 가짜 연동형입니다. 오히려 연동형 비례대표제를 어떻게 하면 피해갈 수 있는가만 고민한 것 같습니다. 대단히 유감입니다. 민주당에 촉구합니다. 연동형 비례대표제를 회피하지 마십시오. 당당하게 진짜 연동형비례대표제 도입을 결단하십시오.

자유한국당의 태도는 더욱 심각합니다. 자유한국당은 여전히 당의 입장도 정하지 못하고 정개특위에서 다른 당의 입장만 비판하는 등 무책임한 태도로 일관하고 있습니다. 연동형 비례대표제를 어떻게 하겠다는 내부 논의도 없이 그저 의원정수 확대는 안 된다는 말만 반복하고 있습니다. 그렇다면 지난 12월의 5당 원내대표 합의는 무엇이며, 한국당이 말하는 정치개혁은 무엇입니까. 자유한국당에 촉구합니다. 무책임한 말싸움으로 정치개혁을 회피해서는 안됩니다. 여야의 합의는 대한민국과의 약속입니다. 합의정신을 지켜주십시오. 이제 방안을 내놓고 책임있는 자세로 연동형비례대표제 도입에 나서기 바랍니다.

우리 야3당은 각 정당이 정치개혁의 사명을 새기고, 실천가능한 방안을 논의한다면 1월 중으로 충분히 합의해낼 수 있다고 믿습니다. 이 마음으로 오늘 바른미래당, 민주평화당, 정의당은 실천가능한 정치개혁안, 연동형비례대표제 도입방안을 제안합니다.

첫째, 야3당의 선거법 개정안의 가장 중요한 원칙은 완전한 형태의 연동형 비례대표제를 관철하는 것입니다. 국회는 각 정당이 득표한 정당지지율에 따라 구성되어야 합니다. 완전한 연동형비례대표제라는 원칙을 갖고 선거법 개정 협의에 임할 것입니다.

둘째, 의원정수는 정개특위 자문위가 권고한 360석 제안을 존중하되, 지난 5당 원내대표 합의 정신에 따라 330석을 기준으로 협의를 할 것입니다. 또한 국회의 특권 내려놓기를 바라는 많은 국민들의 바람을 반영하여 의원정수를 늘리더라도 국회의원 세비 감축 등을 통해 국회 전체 예산은 동결해야 합니다.

셋째, 석패율제 또는 이중등록제 도입을 긍정적으로 검토할 것입니다.

넷째, 지역구 대 비례대표의 비율은 기존 정개특위에서 공감대를 형성한 대로 2:1 내지 3:1 범위에서 협의를 해나갈 것입니다. 우선 330석을 기준으로 하여 220대 110을 기준으로 협의를 시작해 협의를 시작하겠습니다.

다섯째, 연동형비례대표제를 전국단위로 실행할지, 권역별로 실행할지는 향후 협의 과정에서 검토해나갈 것입니다.

우리는 이 선거제도 개혁방향이 '민심그대로'의 국회를 만들고, 동시에 여야의 초당적 합의를 이뤄낼 현실적 방안이라고 믿습니다.

더불어민주당과 자유한국당에 다시 한 번 촉구합니다. 선거법 개정은 1월 말까지 반드시 합의 처리해야 합니다. 민주당은 연동형 비례대표제를 온전히 도입하는 방안으로 당론을 선회해야 합니다. 복잡한 방식으로 선거법을 누더기로 만드는 것은 정치개혁이 아니라 정치혐오를 불러일으킬 것입니다. 한국당은 무책임한 태도에서 벗어나 '연동형 비례대표제'에 입각한 선거법 당론을 확정해야 합니다. 한국당이 계속해서 무책임한 태도로 일관한다면, 야3당은 이를 더 이상 좌시할 수 없음을 밝힙니다.

존경하는 국민여러분,

민심그대로의 국회를 만들어 가는 것이 정치개혁의 제1과제입니다. 연동형 비례대표제가 온전히 관철될 수 있도록 국민여러분들께서 힘을 모아주시길 부탁드립니다.

감사합니다.

2019. 1. 23

바른미래당 원내대표 김관영
민주평화당 원내대표 장병완
정의당 원내대표 윤소하

참고 4-6	정개특위 자문위 의견서

선거제도 개혁을 위한
국회 정치개혁특별위원회
자문위원회 의견과 제언

정치개혁특위 자문위원들은 대화와 타협이 가능한 정치를 위해서는 비례성과 대표성이 보장되는 선거제도로의 개혁이 필요하다는 데 뜻을 같이 하며, 국회 정치개혁특위에 아래와 같이 자문위원회의 의견을 제안한다.

● 선거제도 개혁은 피할 수 없는 시대적 요구이다.

1) 한국정치와 민주주의의 발전을 위해서는 선거제도의 개혁이 불가피하다. 이러한 선거제도 개혁의 필요성은 김대중 대통령 때부터 제기되었고, 노무현 대통령, 이명박 대통령은 물론, 문재인 대통령도 선거제도 개혁을 촉구한 바 있다. 이제는 논의보다 실질적인 성과를 만들어 내야 한다.

2) 1987년 민주화 당시 우리 국민의 목표는 '내 손으로 대통령을 선출'해야 한다는 것이었다. 즉 30년 전 민주화는 자유롭고 공정한 선거제도에 대한 국민의 뜻이 구현된 것이었다. 이제 민주화 30년을 보내면서 보다 나은 민주주의, 한 단계 더 성숙된 민주주의를 위한 정치제도의 개혁이 필요하다. 이제는 국민 한 사람 한 사람의 투표가치가 보다 공정하게 반영될 수 있도록 해야 한다.

3) 국민의 뜻이 제대로 반영될 수 있는 민주주의를 구현하기 위해

서는 선거제도의 개혁이 무엇보다 필요하다. 국회 정치개혁특위는 선거제도 개혁을 통해 국민의 염원을 실현시켜야 하는 책무를 갖고 있다.

● 제언

1) 선거에서의 비례성과 대표성이 강화되어야 한다는 것이 국민의 요구이다. 그러므로 정치개혁특위는 비례성과 대표성을 강화하는 방향으로 선거제도를 개혁해야 한다.

2) 현행 선거제도의 가장 큰 문제점은 국민의 의사(지지율)와 선거결과로 나타나는 의석수 사이의 괴리가 매우 심각하다는 점에 있으며, 이러한 문제를 해소하고 국민들이 원하는 선거제도 개혁을 위해서는 비례성을 강화하는 것이 일차적 목표가 되어야 한다. 현 제도의 특성에서 크게 벗어나지 않으면서 비례성을 확보할 수 있는 것은 연동형 비례대표제이다.

3) 연동형 비례대표제의 도입과 함께 공천 제도가 개혁되어야 한다. 지금까지의 잘못된 관행에서 벗어나 합리적이고 민주적인 방식의 공천이 이뤄지도록 하고, 공천과정에서 여성을 비롯하여 사회적으로 다양한 계층과 집단의 대표성이 보장되어야 한다. 또한 민주적이고 책임성이 강화되는 정당의 개혁이 필요하다.

4) 민주주의는 공동체 구성원 모두가 통치 과정에 참여해야 하지만, 현실적 제약 때문에 대표자를 선출하여 통치를 맡긴다. 그런데 우리나라 국회의원의 수는 다른 민주주의 국가들과 비교할 때 적은 편이며, 더욱이 우리 국회의 역사를 보더라도 국회의원 1인이 대표하는 인구 수는 현 20대 국회가 제일 많다. 따라서 국회의원의 증가는 필요하며 연동형 비례대표제의 채택을 고려할 때 국회의원 수는 360명 규모로 증원하는 것이 적정하

다. 국회의원의 수가 증가하더라도 국회예산은 동결하고, 국회가 국민의 기대에 부응할 수 있도록 강력한 개혁이 이뤄져야 한다. 국회 정치개혁특위는 이것이 구호에 그치지 않도록 실질적인 방안을 제도 개혁 속에 담아내야 한다.

5) 현재 만19세로 되어 있는 투표 참여 연령을 만18세로 낮춰야 한다. 2016년 촛불집회와 같은 정치 집회에 청소년들이 대거 참여한 바 있으며, 각종 정치적 토론의 장에도 청소년들이 논의에 적극적으로 참여하고 있다. OECD 35개 국가 중 투표 연령이 만19세로 규정되어 있는 나라는 대한민국밖에 없다.

6) 이러한 선거제도 개혁을 통해 한국정치와 민주주의의 발전을 도모하고, 헌법개정에 대한 논의도 본격화되기를 기대한다.

2019. 1. 9.

※ 이상의 의견 외에 자문위원들의 개인적 의견을 첨부한다.

[별첨] 자문위원별 개인의견

● 개인의견 1

– 제언4)에 해당하는 국회의원의 증원과 관련해서는 다음과 같이 의견을 달리한다.
– 한국정치가 갈등과 소모적인 정쟁으로 문제해결능력이 떨어지고 국민의 신뢰를 상실한 것이 국회의원의 숫자가 부족한 것에 기인한다는 얘기는 듣지 못하였다. 국회의원의 숫자를 늘린다고 국회의 생산성이 높아지고, 건설적인 정치가 이루어질 것을 기대할 수 없다. 오히려 대부분의 국민들은 국회의원의 숫자를 동결하거나 줄이라는 요구를 하고 있다. 그 동안 국회 운영 실태를 보면 국민의 요구에 전혀 근거가 없는

것도 아니다.

- 현행 소선거구를 유지하면서 연동형비례대표제를 도입하면 정당명부에 의한 당선자가 많지 않아서 이를 늘리기 위한 편법으로 국회의원을 증원하는 것이라면 더욱 동의하기 어렵다. 현행의 소선거구제로 인하여 국회의원들이 국가전체의 국정보다는 지역구 챙기기에 급급한 소지역이기주의의 폐단이 묵과할 수 없는 수준에 있다. 지역구를 대선거구제로 개편하여 국가전체의 이익을 고려할 수 있는 능력과 의지가 있는 인물이 정치를 담당할 수 있도록 하는 것이 바람직하다. 지역구를 대선거구로 개편하면 국회의원 숫자를 늘리지 않아도 의석배분의 비례성을 확대함과 동시에 소지역이기주의의 폐단을 극복하는 일거양득의 효과를 거둘 수 있다. 지역구를 손대는 것이 비현실적이라는 주장은 국민의 의사에 반하여 선거제도를 개편할 수 있다는 주장과 마찬가지로 비현실적이다.
- 또한 연동형비례대표의 부작용인 초과의석이나 보정의석으로 인한 국회의원 숫자의 증가도 해결할 방법이 없는 것은 아니다. 현행 300명의 범위 내에서도 초과의석이나 보정의석문제를 해결할 수 있는 방법도 지혜를 모으면 찾을 수 있을 것이다. 이러한 논의를 하기도 전에 국회의원의 증원부터 제안하는 것은 전말이 바뀌었다.
- 국민들이 의원증원을 반대하는 것이 단순히 비용증가 때문이라고 보아서는 안 된다. 의원숫자를 늘리는 것이 의정활동을 개선하는데 도움이 되지 않는다고 보기 때문이다. 따라서 비용을 동결하고 국회의원 숫자를 늘리면 된다는 제안은 국민의 민심과 부합하지 않는다.

● 개인의견 2

- ①'분권과 협치'는 맞물려 돌아가는 정치개혁의 목표이자 시대정신이다. 제왕적 대통령제의 폐해를 양산하는 현행 대통령중심제 하에서는 연동형 비례대표제가 효과적으로 작동할 수 없기 때문에 비례성 강화를 통한 '협치'뿐만 아니라 '분권'을 위

한 권력구조 개편도 함께 추진되어야 한다. 일단, 선거법 개정을 통해 비례성과 대표성을 강화하는 개혁을 추진하고, 이어서 국회에서 헌법개정 논의를 본격화하여 분권형 대통령제로 정치개혁을 완성해야 한다.

– ②의원정수는 비례성과 대표성을 강화하기 위하여 늘리는 것이 불가피하더라도 360명으로 못 박아 제안하는 것은 적절치 않다. 국회에서 여야 간에 그리고 국민과 소통하면서 의원정수 확대에 대한 공감대를 만들고 범위를 정하는 것이 옳다.

● 개인의견 3

– 국회의원 수를 늘이는 것은 여러 가지로 쉽지 않은 일이다. 그러므로 360명 보다는 330명 정도를 제안하는 바이다.

참고 4-7 무제한 토론 주요 내용 요약

수정안 찬성 취지의견	수정안 반대 취지 의견
○선거법 개정은 청년, 여성 등 소수의 목소리 반영, 1인1표 평등선거 원칙을 구현하고 현행법(병립형)의 승자독식 문제를 조금이라도 해소하며 지역구 매몰 극복하여 국민을 위한 의정활동을 하도록 하려는 것이라는 의견 ○대결 정치, 교착 정치에서 벗어나 대화와 타협, 민주적 합의로 일하는 국회·생산적 국회를 만들어 가기 위한 개혁의 과정이라는 의견 ○국민을 닮은 국회를 만들어야 하기에 대표성, 반응성 제고가 필요하다는 의견 ○정치개혁의 시작으로서 선거개혁, 국민신뢰 회복을 위한 선거개혁, 국회·정치 집단의 기득권을 내려놓는 개혁으로서 선거개혁이 필요하다는 의견 ○다수대표제의 승자독식, 엘리트화, 지역구 매몰, 사표 대량 발생(1인1표 원칙 훼손), 거대정당에게 유리한 특징은 정치에 대한국민 불신을 초래한다는 의견	○연동형 비례대표제는 대통령제와 맞지 않는 제도라는 의견 ○제도가 복잡하고 이해하기 어렵다는 의견 ○지역구는 지역구대로 투표, 정당은 정당대로 투표해야 합헌인데 지역구 의석 받은 만큼 비례대표에 감표해서 빼는 것은 우리나라 헌법상 위헌이라는 의견 ○연동형은 지역구 의석을 많이 획득하는 정당에 대한 비례대표 투표가 사표가 되므로 다른 방식으로 사표를 늘려 표의 등가성을 훼손한다는 의견 ○연동형 비례대표제를 도입하고 있는 알바니아에서 위성정당 문제가 불거진바 있음. 2005년 알바니아 선거 결과에 대해 유럽안보협력기구의 민주제도인권사무소 선거감시단 보고서에 따르면 위성정당 전략은 "합법적이지만, 지역대표와 비례대표의 연동성을 심각하게 악화시켜 사실상의 병립형 비례대표제가 될 것이다. 분리득표 전략

수정안 찬성 취지의견	수정안 반대 취지 의견
○권역별 연동형 비례대표제를 생각했으나 준연동형 비례대표제도 작은 진전의 의미가 있다는 의견 ○대통령중심제라는 권력구조와 정당별 의석분포에 대한 고려가 준연동형 제도에 반영되어 있음. 즉 준연동형 비례대표제는 정당질서가 급격하게 다당제로 가서 국정혼란을 야기하지 않도록 양당 중심성을 잃지 않으면서도 비례성을 높이는 개혁적인 선거제도를 만들려는 고민의 결과물이라는 의견 ○비례성 강화가 다수결 민주주의를 훼손시키는 것이 아니라는 의견 ○준연동형 비례대표제는 의원정수 확대는 불가하다는 국민 의견, 지역대표로서 국회의원의 역할에 대한 기대 등 기존 제도 유지 필요성을 고려하면서 비례성을 보완한 것이라는 의견 ○뉴질랜드의 경우 연동형 비례제 도입 후 의회 구성이 다양화되고 정책 결정에 영향을 미치는 통로가 많아지면서 정부 정책의 일관성을 유지할 수 있게 되었다는 의견 ○준연동형 비례대표제를 도입하여	을 쓰지 않는 정당은 의석이 상대적으로 줄어든다. 정당 간 구분이 모호해져서 유권자의 투표행위를 오도한다"고 제시했다는 의견 ○2007년 레소토에서 두 거대정당이 모조정당과 연합해서 연동형 제도가 무력화되니 제도를 폐지하고 2012년 1인 1표제로 선거법 개정했다는 의견 ○베네수엘라에서도 자매정당 창당을 통한 의석 과점 문제가 발생했는데, EU선거감시단에서 문제제기 후 병립형 제도로 변화했다는 의견 ○준연동형 비례대표제는 정당들이 위성정당, 자매정당, 비례정당을 만들어 국민들에게 정치공학적 투표를 적극 장려하게 만든다는 의견 ○선진국가중 연동형 채택하고 있는 것은 독일, 뉴질랜드 뿐이며 해당 국가들도 대통령제는 아니고, 정치 선진국인 미국, 영국은 비례대표제가 없다는 의견 ○비례대표제는 군소정당에 과도한 영향력을 준다는 의견 ○비례성 강화를 금과 옥조로 받아들이는 것은 문제이며 소수가 다수가

수정안 찬성 취지의견	수정안 반대 취지 의견
온건한 다당제로의 정당체계상 변화를 일구어 내고 국민의 얘기를 듣고 조율, 반영하는 정부를 만들어내는 계기가 될 것이라는 의견 ○한국 사회가 충분히 다원적인 사회구조를 창출했지만 그것들이 정치적으로 표현되고 조직되는 것이 억압되어 왔고, 특히 양당체제가 사회적 다원성에 뿌리내리지 못한 채 기득화한 결과 사회의 저변으로부터 제기되는 여러 가지 요구에 대응하지 못하고 있다는 점에서 다당제로의 변화와 이를 촉진하기 위한 선거제도 개혁은 필수라는 의견 ○대통령중심제와 비례대표제 결합은 미스매치라고 하는 의견은 큰 신빙성을 갖지 못함. 주로 라틴아메리카 사례가 제시되는데 비례대표제를 통한 의회 구성이 문제라기보다 법의 지배가 구현되지 못한 것, 대통령 권력의 남용, 빈부격차, 무질서와 폭력이 가져오는 문제가 더 큼. 대통령제와 다당제 결합에 대한 문제제기는 지극히 미국식 사고에 경도된 결과물이라는 의견 ○연동형 비례대표제는 정당과 지역	될 수 있는 기회와 절차를 보장하는 것이 민주주의이지, 다수결 원칙을 전면 부인하는 것은 민주주의가 아니라는 의견 ○비례대표는 지역구민의 검증을 받지 않는 문제, 공천의 민주성·투명성 측면의 문제가 있으며 더 이상 직능대표·전문성으로 인한 비례대표는 불필요하다는 의견 ○연동형 비례대표제 도입시 군소정당 난립으로 국회 지리멸렬, 정치불신 심화될 것이라는 의견 ○지역주의 타파를 위해 연동형 비례제를 해야 한다는 것은 수긍하기 어렵다는 의견 ○준연동형 비례대표제로 투표자도 투표 형태를 바꾸고 정당도 선거전략을 바꿀 것임. 거대정당은 비례대표에 집중할 정당과 연대하고, 유권자도 지역은 인물 투표, 비례는 정당을 분리해서 투표하게 될 것이라는 의견 ○독일, 뉴질랜드에서 연동형이 원활하게 작동하는 이유는 ① 정당득표율에 해당되는 의석수보다 지역구에서 적게 당선되더라고 이를 보상

수정안 찬성 취지의견	수정안 반대 취지 의견
을 중심으로 하여 이중대표성 실현하여 투표의 유효성을 극대화한다는 의견 ○중선거구제는 거대양당이 의석을 나눠가져 군소정당 진입을 억제하며, 계파정치를 강화시키고, 정책선거를 어렵게 함. 또한, 농어촌 선거구는 인구편차 2:1을 준수해야 한다는 헌법재판소 결정을 고려할 때 위헌적 측면이 있어 중선거구제가 연동형 비례제를 대체할 수 있는 수단이 되기는 어렵다는 의견 ○다수대표제는 권력 교체에 따른 급격한 정책 변화의 부작용이 큼. 갈등이 심한 사회에서 양극화의 위험성을 가져옴. 영구적인 소수가 발생하여 심한 갈등 초래 가능하다는 의견 ○비례대표제는 정치적 타협을 촉진하고 소수집단 통합, 소수자의 참여성, 대표성 보장하며 민주주의 안정성을 가져온다는 의견 ○세계적으로 다수대표제에서 비례성이 높은 선거제도로 변화하는 추세는 확실함. 1989년부터 2009년까지 선거제도를 개편한 나라들은 대부	해줄 수 있는 충분한 비례의석이 있고, ② 독일·뉴질랜드는 지역구, 비례 중복 입후보가 가능하므로 유권자의 분리 투표 유인이 없으며, ③ 의원내각제로서 다당제와 조응성이 높은 권력구조라는 의견 ○독일, 뉴질랜드는 정치문화도 우리나라와 차이를 보임. 정당의 안정성, 지도체제의 안정성, 리더십의 지속성을 중시하는 문화로서 다선을 중시하는데 물갈이가 득표전략인 우리나라와 큰 차이를 보임. 또한 정당지지율에 맞게 의석을 재분배하기 위해 의회를 해산하여 재선거하는 나라들로서 임기 4년을 보장하는 우리나라와 정당정치, 책임정치의 문화도 상이하다는 의견 ○연동형을 도입하면 언젠가는 초과의석이 생길 것이며, 독일에서는 과도한 초과의석 문제로 선거제도를 바꾸려는 움직임도 있다는 의견 ○국민이 직접 뽑는 지역구 의원을 늘리는게 대의제를 강화하는 옳은 방안이라는 의견 ○연동형은 정당투표에 가중치를 두고 지역구 투표의 가치가 떨어지는

수정안 찬성 취지의견	수정안 반대 취지 의견
분 비례성이 낮은 제도에서 높은 제도로 변화, 특히 절대다수제나 혼합형 다수대표제에서 연동형 비례대표제로의 변화가 다수라는 의견 ○OECD 35개국에서 24개국이 비례성을 최대한 보장하는 선거제도를 채택하고 있다는 의견	하는 제도라는 의견 ○독일식 선거제 도입 시 안정적 과반수 의석을 가진 정당 배출이 어려지고 연정이 불가피해지는데 연정 내 조율의 필요성에 따라 정치의 생산성·효율성이 저하되고 책임정치가 어려워진다는 의견

※ 자료: 「공직선거법 일부개정법률안 검토보고」, 행정안전위원회 전문위원, 제382회국회(정기회)제2차 행정안전위원회, 2020.9. pp.25-26

참고문헌

1. 국내문헌

국회도서관, 『국회의원 선거제도 한눈에 보기』, FACT BOOK 2020-1호, 통권 제77호

국회 법제실. 『법제이론과 실제』. 2019.

국회사무처. 『국회법해설』. 2021

김종갑, 「2013년 독일 연방하원 선거제도의 개정내용 및 특징」, 『NARS 현안보고서』 제225호, 2014.

김종갑. 「혼합식 선거제도 국가의 비례성 비교와 시사점」. 지표로 보는 이슈 제121호. 2018.

김종갑. 「2017년 독일 총선 결과와 향후 전망」. 『NARS현안보고서』 제312호. 2017.

김종갑. 「2013년 독일 연방하원 선거제도의 개정내용 및 특징」. 『NARS현안보고서』 제225호. 국회입법조사처. 2014.

김종갑. 「2013년 독일연방선거법의 개정과 시사점」. 이슈와 논점 제676호. 국회입법조사처. 2013.

김종갑. 「독일의 선거제도 개혁논의와 한국에의 시사점」. 이슈와 논점 제1245호. 국회입법조사처. 2017.

김종갑·허석재. 「국회의원 선거제도 개편논의와 대안의 모색」. 『입법·정책보고서』 제54호. 2020.

김형철. 「뉴질랜드 선거제도 개혁 : 과정, 결과, 한국에 주는 시사점」. 『비교민주주의연구』 제5집 2호. 2010. pp.105-134

김형철. 「혼합식 선거제도로의 변화와 정치적 효과 : 뉴질랜드, 일본, 그리고 한국을 중심으로」. 『시민사회와 NGO』 제5권제1호. 2007. pp205-240

김형철. 「뉴질랜드의 선거제도 개혁 과정과 성공요인 - 한국에 주는 시사점」. 『시민과세계』 2016년 상반기호(통권 28권). 2016. pp.61-91

데이비드 파렐. 전용주 옮김. 2017.『선거제도의 이해』. 한울아카데미

박경미.「정치개혁의 목적과 선거제도의 정치적 결과: 뉴질랜드·이탈리아·일본의 혼합선거제 도입」.『東西硏究』 제23권 1호. 2011. pp.125－157

박찬욱 편.『비례대표선거제도』. 2000. 박영사.

성장환.「뉴질랜드의 선거제도 개혁과 정치적 변화」.『대한정치학회보』 12집 2호. 2004. pp.389－405

성장환.「한국과 뉴질랜드의 정당정치 비교」. 대구교육대학교.『초등교육연구논총』 제25권 2호. 2009. pp.1－14

안순철.『선거체제비교』. 법문사. 2000.

장선화.「한국 국회의원 선거제도 개혁의 조건과 과제:뉴질랜드 및 영국 사례와 비교적 관점에서」.『비교민주주의연구』 제9집 2호. 2013. pp.33－72

전용주·임성학·이동윤·한정택·엄기홍·최준영·이소영·조진만·조성대.『투표행태의 이해』. 한울아카데미. 2009.

조성복.『연동형 비례대표제란 무엇인가 - 독일식 vs 한국식, 쟁점과 제안』. 한국방송통신대학교출판문화원. 2020.

중앙선거관리위원회 선거연수원.『각국의 선거제도 비교연구』. 2019.

중앙선거관리위원회 선거연수원.『각국의 정당 · 정치자금제도 비교연구』. 2021.

최창현.「정당정치의 위기와 선거제도개혁 필요성: 뉴질랜드사례에서의 시사점」.『인문사회과학연구』 제34집. 2012. pp.70－108

최태욱.「뉴질랜드의 선거제도 개혁과 정치기업가」.『한국정치연구』 제21집 제2호. 2012. pp.275－299

홍은주, 박영환, 정준표,「한국에서 연동형 비례대표제의 적용과 한계:21대 국회의원선거의 시뮬레이션 분석」,『현대정치연구』, 제14권 제1호, pp.6－46, 2021

홍재우.「독일 선거제도의 연대기: 제도적 진화의 정치」.『유라시아연구』 제10권 제4호(통권 제31호). 2013. pp87－113

Dieter Nohlen. 신두철·김원 역.『선거법과 정당제도』 2004. 엠－애드

2. 외국문헌

Norris, Pippa. 1995. "Introduction: The Politics of Electoral Reform." International Political Science Review, Vol.16, p.4.

Scarrow, Susan. E. (2001), 'Germany: The Mixedᅲ Member System as a Political Compromise." in Matthew S. Shugart, and Martin P. Wattenberg. eds., Mixed－Member Electoral Systems: The Best of Both Worlds? (Oxford: Oxford University Press), 55－69

Nagel, Jack. 1994, "What Political Scientists Can Learn from the 1993 Electoral Reform in New Zealand" PS : Political Science and Politics 27. No. 3, 525－529.

Denemark, David. 2001. "Choosing MMP in New Zealand:Explaining the 1993 Electoral Reform." In Matthew Shugart and Martin Wattenberg, eds. Mixed－Member Electoral System:The Best of Both Worlds?, pp.70－95, New York:Oxford University Press.

Jack Vowles, 1995."The Politics of Electoral Reform in New Zealand." International Political Science Review 16:1, 95－115

[저자 약력]

정 성 희

고려대 행정학과
미국 오하이오 주립대 로스쿨(J.D)
입법고시 13회(1995)
미국 뉴욕주 변호사
국회사무처 법제실 행정법제심의관
입법조사처 사회문화조사실장
행정안전위원회 전문위원
정치개혁특별위원회 전문위원
행정안전위원회 수석전문위원
국방위원회 수석전문위원
(현) 법제사법위원회 수석전문위원

김 태 민

고려대 경제학과
입법고시 29회(2013)
기획재정위원회 입법조사관
행정안전위원회 입법조사관
정치개혁특별위원회 입법조사관
국회예산정책처 추계세제분석관 / 예산분석관
(현) 국회의정연수원 시민연수담당

이 주 홍

고려대 정치외교학과
입법고시 30회(2014)
국회사무처 운영지원과 운영총괄담당
행정안전위원회 입법조사관
정치개혁특별위원회 입법조사관
(현) 국회사무처 기획조정실 조직담당

한국 준연동형 비례대표제 도입 사례연구

1판 1쇄 발행 2023년 2월 15일
1판 2쇄 발행 2023년 3월 15일

지은이 정성희 · 김태민 · 이주홍
펴낸이 노은이
펴낸곳 법 우 사
주 소 경기도 광명시 하안로284 1217동 401호
전 화 (02) 876-2261
팩 스 (02) 875-2263
e-mail lawbookok@naver.com
등 록 2023.1.10. 제390-2023-000002호

ISBN 978-89-97060-73-3 93340 정가 20,000원